Miriam Meckel · Daniel Rettig

Serendipity

MIRIAM MECKEL · DANIEL RETTIG

Serendipity

**77 zufällige Entdeckungen,
die Geschichte schrieben**

Mit Illustrationen
von Johanna Benz

KEIN & ABER

Alle Rechte vorbehalten
Copyright © 2018 by Kein & Aber AG Zürich - Berlin
Satz und Covergestaltung: Maurice Ettlin
Druck und Bindung: CPI - Ebner & Spiegel, Ulm
ISBN 978-3-0369-5787-6
Auch als eBook erhältlich

www.keinundaber.ch

Inhalt

Wie das Neue in die Welt kommt

1 Das Kleine-Welt-Phänomen
2 Süßstoff
3 Die Stadtbibliothek
4 IBM
5 Doktor Clown
6 Der Staubsauger
7 Sommerzeit
8 Der erste Persönlichkeitstest
9 Vanillehandel
10 Der Einkaufswagen
11 Der Durchschnitt
12 Die Mikrowelle
13 Das Bruttoinlandsprodukt
14 Kartoffelchips
15 Chemotherapie
16 Das Großraumbüro
17 Die Kreditkarte
18 Herzschrittmacher
19 Das Teleskop
20 Spaghetti-Eis
21 Zeitzonen

22 Die erste Dinosaurierforscherin
23 Der Hollywood-Schriftzug
24 Die Polaroid-Kamera
25 Der Intervall-Scheibenwischer
26 Das Guinnessbuch der Rekorde
27 Die Barbiepuppe
28 Post-it
29 Teflon
30 Penicillin
31 Das Streichholz
32 Der Rollkoffer
33 Eis am Stiel
34 Der Airbag
35 Handhygiene
36 Die bitterste Substanz der Welt
37 Der erste Zeitungszar
38 Emojis
39 Die Singlebörse
40 Die erste globale Nachrichtenagentur
41 Die Fernsehröhre
42 Der Fotokopierer
43 Weihnachtsbaumkerzen
44 Die vergessene Klimaforscherin
45 Die Weihnachtskarte

46 Die erste erfolgreiche Kosmetikunternehmerin
47 Das Kreuzworträtsel
48 Der Sprachroboter
49 Vaseline
50 Der Klettverschluss
51 Der Teebeutel
52 Eine kuriose Fett-weg-Methode
53 Sicherheitsglas
54 Die Plastikzitrone
55 Duty-free-Shops
56 Isoliermaterial
57 Das beliebteste Wort der Welt
58 Container
59 Bleistift mit eingebautem Radiergummi
60 Die Narkose
61 Kaugummi
62 Der erste VW Bulli
63 Deodorant
64 Der Kaffeefilter
65 Die Spülmaschine
66 Der Zauberwürfel
67 Die Batterie
68 Die Eismaschine
69 Monopoly

70 Das Kaleidoskop
71 Der Geldautomat
72 Das Martinshorn
73 Valium
74 Die Schreibmaschinentastatur
75 Der Barcode
76 Die Holzpalette
77 Der Textmarker

Wie das Neue in die Welt kommt

*Vom Zauber des Suchens
und der Freude des Findens*

Beginnen wir mit einem Gedankenexperiment. Vor dir stehen ein Motorboot, ein Panzer, ein Fahrrad und ein Paar Ski. Welches Gefährt könntest du daraus bauen – und wie würdest du dabei vorgehen?

Auf den ersten Blick haben diese Fortbewegungsmittel wenig bis gar nichts miteinander zu tun. Zumindest solange wir in gewohnten neuronalen Umlaufbahnen denken, führt uns die Suche nach einer Antwort in die gedankliche Sackgasse – es sei denn, wir bedienen uns einer Methode namens *first principles thinking*.

Das »Denken in ersten Prinzipien« geht zurück auf Aristoteles. Der griechische Philosoph glaubte: Erst wenn man einen Gegenstand oder ein Problem in dessen Kernbestandteile zerlegt (das »Ding an sich«), kann man etwas wirklich verstehen – und daraus Neues schaffen.

Also noch mal: Das Boot besteht aus einem Motor und einem Rumpf. Zum Panzer gehören unter anderem ein Kettenantrieb und Stahlplatten. Und das Fahrrad hat einen Lenker, Räder, eine Gangschaltung und einen Sattel.

Man nehme nun also Lenker und Sattel vom Fahrrad, den Kettenantrieb des Panzers, den Motor des Boots und das Paar Ski. Und fertig ist das Schneemobil.

Die Dinge in ihre Einzelteile zu zerlegen, sie bis auf eine Sammlung letzter, nicht mehr teilbarer Bestandteile zu reduzieren, das bedeutet das »Denken in ersten Prinzipien«. Aus diesen Einzelteilen lässt sich dann Neues schaffen. Das gelingt nämlich erst, wenn man ein »Ding an sich« in seiner Reinheit vor sich sieht, befreit von den Verbindungen und Funktionen, die es in einer bestimmten Konstellation angenommen hat. Der Lenker des Fahrrads ist der Lenker des Fahrrads, solange er zum Fahrrad gehört. Löst man ihn vom Fahrrad und betrachtet ihn an und für sich, wird er zum Ausgangspunkt für etwas ganz Neues, zum Beispiel eine Reise auf einem Schneemobil durch die Arktis.

Diese Herangehensweise, das *first principles thinking*, haben inzwischen auch Menschen übernommen, die mit Philosophie allenfalls nebenberuflich zu tun haben. Der Unternehmer Elon Musk zum Beispiel. Es heißt, sein Erfolg gehe auf genau dieses Denken zurück. »Ich neige dazu, die Dinge physikalisch zu betrachten«, sagte Musk einmal in einem Interview. Bevor er etwas konstruiert, dekonstruiert er das, was schon da ist.

Beispiel SpaceX: Bei seinen Vorbereitungen für eine Reise zum Mars stieß Musk an die Grenzen exponentiell steigender Kosten.

Oder anders: Wenn es gelänge, die Teile mehrmals zu nutzen und nicht nach dem ersten Start ins Meer zu versenken, würde der Preis für einen Flug rapide sinken. Also kaufte Musk ein, baute selbst, reduzierte die Kosten für Raketenstarts – und revolutionierte den Markt der kommerziellen Raumfahrt.

Solche Beispiele finden sich in allen Branchen und allen Epochen. Als Johannes Gutenberg im Mittelalter die Bibel mehr Menschen zugänglich machen wollte, hätte er versuchen können, Mönche schneller schreiben zu lassen oder weiter in die Welt hinaus zu schicken. Dann hätten wir vielleicht einen Haufen überarbeiteter Mönche auf zerfetzten Sohlen angetroffen, die Aufklärung aber hätte es nie gegeben. Gutenberg dachte von Grund auf anders. Er kombinierte die Techniken der mechanischen Presse für das Weinkeltern oder die Münzprägung mit beweglichen Lettern und erfand so den Buchdruck.

»Denken in ersten Prinzipien« heißt, alles radikal infrage zu stellen. Menschen, die das tun, bekommen entweder einen Tritt in den Hintern oder Nobelpreise. Manche gelten als Genies, andere als Spinner – aber zumindest wird es mit ihnen nie langweilig. Das erste thermodynamische Prinzip der Disruption ist auch eine Alles-oder-nichts-Regel. Entweder du bist der Phoenix. Oder du bist die Asche.

Vor einigen Jahren präsentierte IBM die Ergebnisse einer weltweiten Umfrage. Mehr als 1500 Führungskräfte aus 60 Ländern und 33 Branchen hatten Auskunft darüber gegeben, wie sie die Zukunft sehen. Wenig überraschend: 79 Prozent der Befragten erwarteten, dass das wirtschaftliche Umfeld komplexer wird. Erstaunlicher war dagegen, wie die Manager diesen schwierigen Herausforderungen begegnen wollten. Mit Disziplin? Mit Durchsetzungsvermögen? Nichts dergleichen. Auf Platz eins der wichtigsten Führungsqualitäten der Zukunft landete: Kreativität.

Viele denken bei diesem Wort spontan an Jahrhundertgenies, an Künstler wie Wolfgang Amadeus Mozart und Pablo Picasso oder Wissenschaftler wie Albert Einstein und Isaac Newton. »Kreativität hat für die meisten Menschen eine fast schon magische Anziehungskraft«, sagt Teresa Amabile, Organisationsforscherin an der Harvard Business School.

Auch deshalb, weil die meisten Menschen zu echten Innovationen gar nicht fähig sind. Sie neigen dazu, das Ungewöhnliche aus ihrer menschlichen Erfahrung heraus zu betrachten – womit es das Gewöhnliche bleibt. Es gibt so wenig wirklich Neues, weil die meisten eben nicht *out of the box* denken, indem sie sich von ihren bisherigen Erfahrungen und Erwartungen frei machen. Wer nicht nach dem Unbekannten sucht, wird nur Bekanntes finden.

Wie aber kommt dann Neues in die Welt, wenn die meisten Menschen nicht dazu in der Lage sind, das Unbekannte zu suchen und zu finden? Wie entstehen die Innovationen, die uns bewegen?

Vielleicht hilft es, zunächst mit einem Mythos aufzuräumen: Es kommt nicht zwingend darauf an, der Erste zu sein. Facebook war nicht das erste soziale Netzwerk der Welt, Google nicht die erste Suchmaschine, eBay nicht das erste Auktionshaus. Als diese Angebote an den Markt gingen, gab es bereits Wettbewerber. Die Deutschen suchten Schulfreunde bei StudiVZ, Informationen bei Altavista und Gebrauchtwaren bei Alando.

Oder noch so ein Mythos: Innovationen sind planbar. Aber wie du in diesem Buch sehen wirst, spielt häufiger *serendipity* eine Rolle. Das schöne englische Wort beschreibt den glücklichen Zufall, durch den sich entdecken lässt, wonach gar nicht gesucht wurde.

Erfunden hat das Wort der englische Historiker

Horace Walpole (1717-1797). In einem Brief an einen Freund berichtete er von dem persischen

Märchen über »die drei Prinzen von Serendip«, die den glücklichen Zufall zu nutzen wussten. Sie waren die ersten, die die Signale aus der Zukunft auch im Lärm der Gegenwart entschlüsseln konnten.

Die drei Sagenfiguren hätten, so der Plot des Märchens, auf einer Reise durch Zufall (*accident*) und Scharfsinn (*sagacity*) wiederholt Entdeckungen gemacht, die sie gar nicht gesucht hätten. Der Zufall als Geburtshelfer des Fortschritts – was für eine schöne Idee.

Nun heißt das nicht, dass uns die Muse völlig unverhofft küsst. Man muss ihr zumindest die Tür öffnen. Appetit kommt beim Essen, und Ideen kommen beim Arbeiten. Das lehrt uns auch ein ganz großer Erfinder.

Thomas Edison hat nicht nur die Glühlampe erfunden, sondern auch den Generator, die Brennstoffzelle, den Kinematographen, und noch vieles andere. 2332 Patente hat der Mann im Laufe seines Lebens angemeldet. Wie ist das möglich, wenn Erfinderglück oft aus der zufälligen, ungeplanten Begegnung mit dem Neuen entsteht?

Edison hat seiner Muse ziemlich oft die Tür aufgemacht, und außerdem hat er drei Türstopper eingesetzt, damit die Muse nach Belieben in seine Gedankenwelt hinein- und wieder hinausfliegen konnte. Der erste Türstopper heißt Fokus. Edison hatte sich schlicht ganz fest vorgenommen, Neues in die Welt zu bringen. Eine kleinere Erfindung alle zehn Tage, eine größere alle sechs Monate. Ambitioniert, aber offenbar nicht unmöglich, wie die Liste seiner Patente zeigt.

Der zweite Türstopper sorgte dafür, dass immer genug Luft durch seine Gedankenwelt wehen konnte. Für Edison gab es kein Scheitern, es gab nur Lernerfolge. Wann immer ihm etwas misslang, sagte er sich, er habe ja etwas daraus gelernt, und wisse beim nächsten Mal, wie und warum er anders vorgehen musste.

Der dritte Türstopper sorgte dafür, dass der Gedankenverkehr immer auf einer Zweibahnstraße unterwegs ist. Thomas Edison schrieb sein Leben lang eine Art Forschungstagebuch. Darin trug er nicht nur ein, was er tat, sondern vor allem, was er gedacht hatte und wie das vor sich gegangen war. Edison schrieb auf, was sich im Prozess des Denkens tut, um so nachvollziehen zu können, wie er auf welche Ideen gekommen war, wo verschiedene Ideen miteinander gekämpft und wo er etwas aus den Augen verloren hatte, was er besser weiterverfolgt hätte.

Damit hat Edison schon vorweggenommen, was der Verhaltensökonom Daniel Kahneman 2011 in seinem Buch *Schnelles Denken, langsames Denken* erklärt: Es gibt zwei Arten des Denkens, die ganz unterschiedliche Ergebnisse hervorbringen können. Edison beschreibt in seinem Tagebuch, wie »Mind 1« gegen »Mind 2« antritt. So konnte er ziemlich gut nachvollziehen, wie seine Entscheidungen sich angebahnt hatten und warum sie so und nicht anders ausgefallen waren.

Nicht jeder geht so konsequent und erfindungsreich wie Thomas Edison vor, um der eigenen Kreativität den Weg zu Innovationen zu ebnen.

Bereits im alten Rom nutzten Soldaten Taschen aus Leder, um darin Essen zu transportieren. Gleichzeitig verfügten sie über eine beachtliche Zahl von Fahrzeugen mit Rädern. Trotzdem dauerte es bis ins Jahr 1970, bis jemand beides miteinander kombinierte.

Warum? Weil die Designer und Entwickler zu sehr damit beschäftigt waren, die Taschen zu verbessern. Sie klebten einen Reißverschluss dran und fertigten sie aus verschiedenen Materialien, Leder oder Nylon etwa. Kurzum: Sie konzentrierten sich auf die Form.

Bis ein gewisser Bernard Sadow durch einen Flughafen ging, in der Hand einen Koffer. Und zufällig einen Arbeiter erblickte, der eine schwere Maschine auf einem Rollbrett durch die Gegend schob. Das nahm Sadow zum Anlass, über eine komfortablere Methode nachzudenken, Dinge mit sich herumzuschleppen. Es war die Geburtsstunde des Rollkoffers – und gleichzeitig eine wertvolle Lektion für alle Erfinderinnen und Erfinder und solche, die es werden wollen: Ignoriert die Form – und konzentriert euch auf die Funktion.

Dennoch sollte man nicht davon ausgehen, dass man sich mit seinem Einfallsreichtum unbedingt beliebt machen wird. Kreativität korreliert bedauerlicherweise sehr häufig mit Unbeliebtheit.

Der Psychologe Erik Westby vom Union College in New York befragte im Jahr 1995 Dutzende von Pädagogen nach ihren Erfahrungen mit kreativen Kindern. Zwar behauptete zunächst jeder Lehrer, großen Wert auf einfallsreichen Nachwuchs zu legen. Als Westby die Teilnehmer aber darum bat, ihren Schülerinnen und Schülern verschiedene Charaktereigenschaften zuzuordnen, schnitten ausgerechnet die kreativen am schlechtesten ab: Sie waren bei den Lehrern am unbeliebtesten, weil sie viele Fragen stellten, selten gehorchten und oft in Konflikte gerieten.

Besonders kreative Menschen sind häufig Außenseiter, eben weil sie vermeintlich verrückte Ideen haben, die dem Mainstream nicht passen, und somit immer wieder anecken. Bequem ist anders. Die Macht der Tradition ist stärker als die Lust an der Innovation. Aber wer nicht über den Tellerrand hinausblickt, dem entgeht womöglich seine neue Leibspeise.

Dazu braucht es vor allem einen anderen Blickwinkel, wie der irische Schriftsteller George Bernard Shaw einst bemerkte: »Du siehst Dinge und fragst: Warum? Doch ich träume von Dingen und sage: Warum nicht?«

Das setzt Mut voraus. Den Mut, zu scheitern, anzuecken, immer wieder von vorne zu beginnen, auch bittere Enttäuschungen zu erleben. Aber wenn der eine Moment kommt, in dem sich plötzlich eine neue Welt eröffnet, dann hat sich die Mühe gelohnt. Wegen des Glücksgefühls, das einen überkommt, wenn man in der Welt etwas bewegen kann. Nicht aber des Ruhmes wegen.

Menschen verkennen häufig, dass viele geniale Erfinder völlig unbekannt sind. »Gute Einfälle«, behauptete einst der deutsche Dichter Gotthold Ephraim Lessing, »sind Geschenke des Glücks.« Sie entstehen aus unerwarteten Begegnungen mit anderen Menschen oder mit Dingen, die einem plötzlich eine neue Perspektive eröffnen.

Von solch zufälligen Entdeckungen handelt dieses Buch. Allen gemein ist, dass sie die Welt ein Stück weit verändert haben, dass sie das Leben leichter machen und uns zuversichtlich stimmen. Langfristig setzt sich das Gute, Kluge, Mutige, Neue durch – auch wenn die Erfinderinnen und Erfinder es häufig nicht mehr selbst miterleben konnten. Das Buch ist ein Lob auf den Zufall und die Zuversicht, die in ihm steckt.

Und hoffentlich ein Ansporn, sich ihm zu stellen. Zum »Denken in ersten Prinzipien« gehört zuallererst ein offener Geist, der bereit ist, alles auseinanderzunehmen und neu zusammenzusetzen.

1

Das Kleine-Welt-Phänomen

Man kann Facebook durchaus kritisch sehen, aber eines muss man zugeben: Das Netzwerk bringt die Menschen einander näher – und zwar wortwörtlich.

Ein Softwareanalyst untersuchte kürzlich sämtliche Verbindungen aller 1,6 Milliarden Facebook-Mitglieder und stellte dabei fest, dass die durchschnittliche Entfernung zwischen zwei willkürlich ausgewählten Nutzern bei 3,57 Kontakten lag.

Wie klein die Welt wirklich ist, beschäftigt Wissenschaftler schon seit Jahrzehnten – und alles begann mit der Geschichte eines heute fast vergessenen ungarischen Schriftstellers.

Frigyes Karinthy veröffentlichte im Jahr 1929 einen Kurzgeschichtenband. Eine seiner Geschichten handelt davon, dass der Protagonist mit der Literaturnobelpreisträgerin Selma Lagerlöf in Kontakt treten soll.

»Nichts leichter als das. Lagerlöf gewann den Nobelpreis, also hat sie den schwedischen König kennengelernt, denn der überreicht den Preis. Jeder weiß, dass der König gut Tennis spielt.

Und er ist bereits gegen den Ungarn Béla von Kehrling angetreten, den ich zufällig kenne.« *Voilà*, schon war die Verbindung hergestellt.

Dabei handelte es sich natürlich um ein fiktives Gedankenspiel. Doch tatsächlich begründete Karinthy damals ein Konzept, das heute als »Kleine-Welt-Phänomen« bekannt ist. Allerdings dauerte es mehr als drei Jahrzehnte, bis es wieder aufgegriffen wurde.

1967 wollte der Harvard-Professor Stanley Milgram herausfinden, ob es einer zufällig ausgewählten Person gelingen würde, einen Fremden ausschließlich über indirekte Beziehungen zu erreichen. Eine Gruppe von 296 Probanden sollte versuchen, einem Aktienhändler in Boston einen Brief zu schreiben. 196 der Probanden kamen aus zwei verschiedenen Orten im US-Bundesstaat Nebraska, der Rest kam aus Boston. Die Schwierigkeit bestand darin, dass alle den Namen, nicht aber die Adresse des Händlers kannten.

Deshalb sollten sie den Brief einem Bekannten geben, der womöglich näher an der Zielperson dran war. Dieser Bekannte sollte ebenfalls so verfahren. Und siehe da, es stellte sich heraus, dass zwischen dem Absender und dem Empfänger im Schnitt 5,2 Stationen lagen – und nie mehr als sechs.

Einzug in die Popkultur hielt das Konzept der *six degrees of separation* 1991 mit dem gleichnamigen Stück des US-Autors John Guare. Darin sagt der Hauptdarsteller zu seiner Tochter: »Jeder Mensch ist von jedem anderen Menschen auf der Welt nur durch sechs andere Menschen getrennt. Das sind die *six degrees of separation*. Zwischen uns und jedem anderen Menschen. Dem amerikanischen Präsidenten; einem Gondoliere in Venedig; einem Eskimo. Was für eine unglaubliche Vorstellung – dass jede Person eine Tür in andere Welten darstellt.«

Offenbar sorgt die digitale Welt nun dafür, dass sich noch mehr Türen in andere Welten öffnen.

2

Süßstoff

Alle Eltern bringen ihren Kindern bei, dass sie sich vor dem Essen die Hände waschen sollen. Doch wie das Beispiel von Constantin Fahlberg zeigt, kann es manchmal von Vorteil sein, Regeln zu brechen.

Der russischstämmige Chemiker mit deutschen Wurzeln arbeitete im Jahr 1878 als Gastforscher an der Johns-Hopkins-Universität im US-Bundesstaat Maryland. Dort beschäftigte er sich vor allem mit der Oxidation von Kohlenwasserstoffen aus Teer – mit eher bescheidenem Erfolg: »Ich hatte eine Reihe wissenschaftlicher Entdeckungen gemacht, die kommerziell komplett nutzlos waren«, sagte er Jahre später dem US-Wissenschaftsmagazin *Scientific American*. Doch das sollte sich eines Abends ändern.

Fahlberg war mal wieder so vertieft in seine Arbeit, dass er darüber das Essen vergaß. Plötzlich war er so hungrig, dass er zu Tisch hastete, ohne sich vorher die Hände zu waschen. Er setzte sich, nahm ein Stück Brot und biss hinein.

Was war das? Das Brot schmeckte süßer als Kuchen. Er griff nach einem Becher, spülte seinen Mund mit Wasser aus und wollte seinen Schnauzbart mit einer Serviette abtrocknen. Was war das nun wieder? Die Serviette schmeckte sogar noch süßer als das Brot!

Erneut nahm er den Becher und berührte mit den Lippen genau jene Stelle, die zuvor seine Hände berührt hatten. Da verstand er. Er lutschte an seinem Daumen – und der schmeckte süßer als alles, was Fahlberg jemals gekostet hatte.

Er ließ sein Essen stehen und lief zurück ins Büro. In heller Aufregung probierte er aus sämtlichen Schälchen und Bechern, die auf den Tischen standen. Und tatsächlich, ein Gefäß enthielt die Lösung. An jenem Abend im Labor hatte Constantin Fahlberg Süßstoff entdeckt.

An dieser Lösung tüftelte er nun monatelang, bis er ihre chemische Zusammensetzung ebenso verstanden hatte wie die Reaktion und die beste Methode gefunden hatte, um die Erfindung nicht nur wissenschaftlich, sondern auch kommerziell erfolgreich zu machen. Später ließ er sich das Herstellungsverfahren patentieren und den Namen »Saccharin« schützen. Gemeinsam mit seinem Onkel baute er in Magdeburg die erste Süßstofffabrik der Welt, 1887 kam das Produkt auf den Markt. Und das alles nur, weil er so hungrig gewesen war, dass er den Rat seiner Eltern ignoriert hatte.

3

Die Stadtbibliothek

Ihr Name klingt nach Muff, Staub und alter Bundesrepublik. Und in Zeiten der Digitalisierung wird nur allzu gerne ihr Untergang beschworen. Doch wie zum Trotz erlebt die öffentliche Bibliothek derzeit eine Renaissance, und fast alle deutschen Großstädte freuen sich über kräftige Zuwächse bei Ausleihen und Kundenzahlen. Und zwar nicht nur, weil die Bibliotheken meist zentral gelegen sind und die Mitgliedschaft wenig kostet, sondern auch, weil sie wie kaum eine andere Institution die viel gerühmte Chancengerechtigkeit repräsentieren. Öffentliche Büchereien garantieren an sich zwar noch keine umfassendere Bildung, aber sie tragen dazu bei, die Wettbewerbsvoraussetzungen anzugleichen, indem sie allen Bürgerinnen und Bürgern zugänglich sind. Genau so hatte sich der Erfinder der Stadtbibliothek das vorgestellt.

Karl Benjamin Preusker wuchs in einfachen Verhältnissen auf, doch er war ein fleißiges und neugieriges Kind. Seine außergewöhnliche Wissbegierde verhalf ihm zum beruflichen Aufstieg, nach einer Lehre zum Buchhändler machte er zunächst Karriere beim preußischen Militär und erhielt schließlich eine Stelle als Finanzbeamter. Es blieb ihm jedoch genug Zeit, seiner Leidenschaft zu frönen – den Büchern.

Es traf ihn hart, dass die Kirchenbibliothek seiner Heimat bei einem Brand zerstört worden war. Preusker wollte unbedingt etwas dagegen unternehmen, dass Bildung eine Geldfrage blieb. Daher gründete er am 24. Oktober 1828 im sächsischen Großenhain die erste Bürgerbibliothek – mit 132 geschenkten Büchern.

Preuskers Ziel war klar: »Zur Abhaltung von Wirtshausbesuch, Müßiggang und Unsittlichkeit« sollte das Haus dienen. Zunächst war es Lehrern und Schülern vorbehalten, aber schon vier Jahre später wurde das Haus zur Stadtbibliothek umgewandelt, die fortan alle Bürger kostenlos nutzen konnten.

Im Jahr 1962 bezog die Bibliothek ihre neue Heimat im ehemaligen Amtshaus. Dort hat sie noch heute ihren Sitz – just in dem Gebäude, in dem Preusker im 19. Jahrhundert lebte und arbeitete.

Das Datum der Eröffnung wird auch heute noch in Ehren gehalten: Seit 1995 ist der 24. Oktober der offizielle Tag der Bibliotheken, an dem die Bundesvereinigung Deutscher Bibliotheks- und Informationsverbände die Karl-Preusker-Medaille verleiht – an Personen und Institutionen, die das Bibliothekswesen vorbildlich unterstützen.

IBM

Es gehört Mut dazu, seine Heimat zu verlassen – erst recht, wenn die neue Heimat mehr als einen Ozean weit entfernt ist. Aber Georg Hollerith hatte keine Wahl.

Im Zuge eines Aufstands gegen die Preußen verlor er seinen Posten als Professor für alte Sprachen, den er am Gymnasium Speyer in Rheinland-Pfalz innehatte. Das war vermutlich der

Grund dafür, dass er mit seiner Frau und den beiden Töchtern in die USA auswanderte. Dort bekam das Ehepaar zwei Söhne, Georg Karl und Herman, Letzterer kam am 29. Februar 1860 zur Welt. Sein Geburtstag, den Herman Hollerith nur alle vier Jahren feiern konnte, sollte nicht das einzig Bemerkenswerte an ihm bleiben.

Hollerith entwickelte schon als Schüler eine Leidenschaft für Technik und Mathematik. Er war erst 15 Jahre alt, als er sich am City College von New York immatrikulierte, und bereits mit 19 machte er seinen Abschluss als Bergbauingenieur. 1879 heuerte er zunächst beim amerikanischen Büro für Volkszählung an. Und dort hatte er die Inspiration für die Erfindung, die ihn reich und berühmt machen sollte.

Dazu muss man wissen, dass die USA bereits seit 1790 alle zehn Jahre eine Volkszählung organisierten, was damals wesentlich umständlicher war als heute. Allein die Volkszählung des Jahres 1880 dauerte insgesamt sieben Jahre, was bedeutete, dass die Ergebnisse durch das Bevölkerungswachstum schon längst überholt waren, als sie herauskamen. Hollerith nahm sich vor, dieses Verfahren zu beschleunigen.

Bei seiner Erfindung ließ er sich von Zugschaffnern inspirieren. Diese knipsten die Tickets der Passagiere damals umständlich ab, um deren Alter oder Geschlecht für die Statistik festzuhalten. Hollerith erfand eine Maschine, die die Löcher in Karten automatisch erkannte und mithilfe eines elektronischen Verfahrens auswerten konnte. 1884 meldete er das erste Patent an.

In den folgenden Jahren verfeinerte er seine Erfindung noch und erweiterte sie um diverse Funktionen. Die Maschinen konnten die entsprechenden Lochkarten automatisch einziehen und sortieren, und sie konnten von allein zählen oder Karten mit bestimmten Mustern aussortieren.

Die US-Zensurbehörde setzte Holleriths Erfindung erstmals bei der Volkszählung 1890 ein – mit eindeutigem Ergebnis: Die Auswertung dauerte nun nur noch sechs Monate und war fünf Millionen Dollar günstiger als geplant. Vor allem aber machte seine Erfindung endlich auch die Ergebnisse brauchbar, da sie in der Zwischenzeit nicht schon veraltet waren.

Als Hollerith das finanzielle Potenzial seiner Erfindung erkannte, gründete er 1896 die Tabulating Machine Company. Neben seinem erfinderischen Talent war er auch ein echtes Vertriebsgenie. Denn Hollerith entschied sich dazu, die Maschinen nicht zu verkaufen, sondern sie für relativ wenig Geld zu verleihen. Der Clou: Gleichzeitig verkaufte Hollerith den Kunden die entsprechenden Lochkarten, die er extrem billig produzierte und mit hoher Marge verscherbelte.

1911 verkaufte Hollerith seine Firma, die von nun an Computer Tabulating Recording Company (CTR) hieß. 1924 änderte sie ein letztes Mal ihren Namen. Von nun an hieß sie International Business Machines Corporation. Oder kurz IBM.

5

Doktor Clown

Lachen ist die beste Medizin, und niemand weiß das besser als Michael Christensen. Der Amerikaner hat in den vergangenen Jahrzehnten Tausenden kranken Kindern ein Lächeln ins Gesicht gezaubert. Dabei begann alles mit einem sehr traurigen Anlass.

1985 war sein Bruder Kenneth an Krebs erkrankt. Kurz vor seinem Tod überreichte er

Christensen eine abgewetzte Arzttasche. Vielleicht könne er ja etwas damit anfangen, sagte Kenneth.

Michael Christensen war damals bereits seit Jahrzehnten als Clown tätig. Er war viel herumgekommen und in Paris, London und Istanbul aufgetreten. 1977 hatte er mit einem Partner in New York den Big Apple Circus gegründet, der in den folgenden Jahren zu einem der erfolgreichsten der USA wurde.

Eines Tages, es war kurz nach dem Tod seines Bruders, klingelte Christensens Telefon. Die Ärztin eines New Yorker Krankenhauses, die kurz zuvor seine Zirkusvorstellung besucht hatte, bat ihn um einen Gefallen. Ob er nicht Lust und Zeit hätte, Kindern, die gerade am Herzen operiert worden waren, ein paar Minuten lang aufzuheitern. Aus dieser speziellen Visite entstand eine ganz besondere Organisation.

1986 gründete Christensen die Clown Care Unit – eine Gruppe professioneller Clowns, die Kinder im Krankenhaus besuchen und ihnen eine Viertelstunde Freude schenken. Michael Christensen ist der Erfinder der therapeutischen Clownarbeit.

Dazu gehört weitaus mehr, als sich das Gesicht bunt anzumalen und vor kranken Kindern ein paar Grimassen zu schneiden. Denn Christensen legte vor allem Wert auf eine professionelle, systematische Herangehensweise.

Alle Clowns werden speziell auf ihre Aufgabe vorbereitet. Sie machen sich in Seminaren mit den Abläufen im Krankenhaus vertraut, sprechen vor jedem Besuch mit den behandelnden Ärzten und stimmen jede Aufführung auf die kleinen Patienten ab. Diese Sorgfalt garantiert den Erfolg des Programms.

Die positive Wirkung von Klinikclowns wurde kürzlich durch eine Studie von Wissenschaftlern aus Greifswald und Berlin bestätigt. Demnach ist der Spiegel des Glückshormons Oxytocin bei Kindern, die vor einem Eingriff mit Klinikclowns lachen durften, um 30 Prozent höher als vorher. Bei einer Kontrollgruppe, die nicht durch die Clowns zum Lachen gebracht wurde, blieb der Wert konstant.

Für die Clown Care Unit sind inzwischen knapp 80 Künstler ehrenamtlich tätig, darunter auch Zauberer, Musiker, Pantomimen und Puppenspieler. Pro Jahr besuchen sie etwa 200 000 Kinder im Krankenhaus.

Christensen selbst hat seine Clownsnase inzwischen an den Nagel gehängt, doch seine Erfindung lebt weiter. »Alles begann mit der Arzttasche, die mein Bruder mir gab«, sagte Christensen kürzlich, »Wer hätte damals geahnt, was einmal daraus werden wird?«

6

Der Staubsauger

Angeblich macht Not ja erfinderisch. James Spangler, geboren am 20. November 1848, ist dafür das beste Beispiel.

Der Amerikaner hatte eine Leidenschaft: Am liebsten erfand er neue Dinge. Im Jahr 1887 erhielt er ein Patent für einen Mähdrescher, 1893 für eine Kombination aus Rechen und Heuwender, 1897 für ein Fahrrad mit integrierter

Transportfläche. Doch all seine Ideen erwiesen sich als Flops.

Das wäre nicht weiter dramatisch gewesen, hätte Spangler nicht als dreifacher Vater eine Familie ernähren müssen. Deshalb verdingte er sich zu Beginn des 20. Jahrhunderts als Hausmeister in einem Kaufhaus in Ohio.

Zu seinen Aufgaben gehörte es auch, die Räume zu reinigen, und das war damals weitaus mühsamer als heute. Spangler fegte täglich den Boden mit einem Besen, dabei atmete er zwangsläufig viel Staub ein. Selbst für gesunde Menschen kein Vergnügen, für einen Asthmatiker wie Spangler ein Albtraum. Eines Tages hatte er eine Idee, wie er sein Leiden lindern könnte.

Spangler nahm einen Besenstiel und befestigte an dessen Ende einen Ventilator, dessen Motor er auf eine Seifenkiste montierte. Dann lieh er sich von seiner Frau den Bezug eines Kopfkissens und spannte es an die Rückseite der Seifenkiste. Die Rotation der Ventilatorblätter wirbelte Staub auf – und der landete im Kissenbezug.

So skurril diese Konstruktion anmutete, sie funktionierte tatsächlich. Spangler kombinierte als Erster einen Filter mit dem entsprechenden Reinigungsaufsatz. Er verfeinerte das Modell noch ein wenig, und am 2. Juni 1908 wurde Spanglers Erfindung offiziell patentiert.

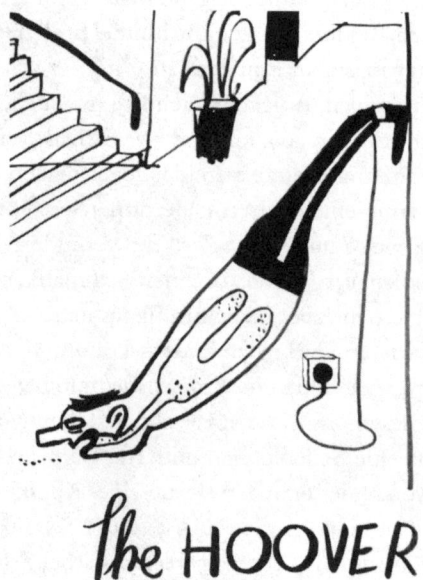

Doch ihm fehlte das Geld, um seine Erfindung in Massenproduktion herzustellen. Wie es der Zufall wollte, zeigte er die Erfindung seiner Cousine Susan, die sofort begeistert war. Sie erzählte ihrem Ehemann davon, bei dem es sich um niemand anderen als den reichen Unternehmer William Hoover handelte. Dieser begann sogleich mit der Produktion – nicht ohne Spangler als Geschäftsführer einzustellen.

Leider war es ihm nicht vergönnt, seinen Erfolg so richtig auszukosten. Im Jahr 1915 wollte Spangler den ersten Urlaub seines Lebens antreten. Doch am Vorabend der Reise nach Florida hörte sein Herz auf zu schlagen.

Immerhin hinterließ er seiner Familie genug Geld. Sie erhielt noch bis zum Jahr 1925 Tantiemen aus den Verkäufen, dann lief das Patent ab. Spangler selbst erfuhr zumindest posthum eine große Ehre: Im Jahr 2006 wurde er in die *Hall of Fame* der amerikanischen Erfinder aufgenommen.

7

Sommerzeit

Mitbegründer der USA, Erfinder des Blitzableiters, Verleger der *Pennsylvania Gazette* – Benjamin Franklin war ein vielbeschäftigter Mann.

Weniger bekannt ist allerdings, dass Franklin der geistige Urheber einer Erfindung ist, die mindestens zwei Mal im Jahr für hitzige Debatten sorgt. Schon allein deshalb, weil knapp 75 Prozent der Deutschen der Meinung sind, dass sie überflüssig ist und dringend abgeschafft werden sollte.

Benjamin Franklin ist der Erfinder der Sommerzeit. Im Jahr 1783 beschäftigte er sich in einem Artikel für die Zeitschrift *Journal de Paris* mit der optimalen Nutzung des Tageslichts. Er habe kürzlich mit Freunden zusammengesessen, die stolz eine neue Lampe präsentierten. Da habe er sich gefragt, ob das Öl, das diese Lampe verbrauche, in gesundem Verhältnis zum Licht stehe, das sie spende. Die Suche nach einer Antwort brachte ihn um den Schlaf – und auf einen damals kuriosen Gedanken: Wäre es nicht sinnvoller, wenn an lauen Sommerabenden kostenloses Sonnen- statt teures Kerzenlicht verwendet würde?

Um seine These zu belegen, stellte er eine penible Rechnung auf. Wenn 100 000 Familien in Paris an 183 Nächten zwischen dem 20. März und dem 20. September sieben Stunden lang Kerzen brennen ließen, würden insgesamt 128 Millionen Stunden Kerzen brennen, was konservativ geschätzt einen Wachsverbrauch im Gegenwert von 64 Millionen Pfund ergebe. »Eine immense Summe«, schrieb Franklin, »diese könnte die Stadt Paris jedes Jahr sparen, wenn sie statt Kerzen das Sonnenlicht nutzt.«

Er schlug vor, dass die Menschen im Sommer einfach früher aufstehen sollten, um abends Lampenöl und Kerzenwachs zu sparen. Oder anders formuliert: Sie sollten ihren Rhythmus an die Stunden des Tageslichts anpassen. Zur Durchsetzung hatte Franklin recht eigenwillige Ideen: Die Stadt solle eine Steuer für Fensterläden erheben, Kerzen rationieren und die Menschen morgens mit Kanonendonner wecken.

Heute lässt sich nicht mehr genau sagen, ob Franklin den Aufsatz ernst oder satirisch meinte. Jedenfalls wurde seine Idee Jahrzehnte später tatsächlich aufgegriffen. Im Jahr 1907 schlug der britische Baumeister William Willett vor, die Uhren im Sommer vorzustellen, und 1916, ein Jahr nach Willetts Tod, führte Großbritannien schließlich die *Daylight Saving Time* ein.

Übrigens: Willetts Ururenkel ist Chris Martin, Sänger der Band Coldplay. Er widmete seinem prominenten Verwandten vor einigen Jahren ein Lied. Dessen Titel: *Daylight*.

8

Der erste Persönlichkeitstest

Mütter reagieren häufig skeptisch, wenn sie ihren zukünftigen Schwiegersohn kennenlernen. Doch Katharine Cook Briggs ging noch einen Schritt weiter.

Am Weihnachtsabend 1917 brachte Briggs' Tochter Isabel ihren Verlobten Clarence Myers mit nach Hause. Er war Briggs zwar nicht unbedingt unsympathisch, aber als angehender

Rechtsanwalt dachte er betont logisch und handelte pragmatisch, er interessierte sich so sehr für Details, dass Katharine anfing, sich zu wundern. Und zwar so sehr, dass sie nach dem Abendessen beschloss, sich intensiver mit der menschlichen Psyche auseinanderzusetzen.

Die Psychologie steckte damals gerade erst in ihren Anfängen. Es war noch nicht üblich, Menschen beispielsweise als introvertiert oder extrovertiert zu beschreiben. Schließlich stieß Briggs bei ihren Recherchen auf ein Buch des Schweizer Psychoanalytikers Carl Jung, der als einer der Ersten die Ansicht vertrat, dass man Menschen in verschiedene Persönlichkeitstypen einteilen kann. Das war damals eine revolutionäre Erkenntnis. Und Briggs erkannte ihr Potenzial.

Sie tauschte sich darüber mit ihrer Tochter Isabel aus, die inzwischen den Nachnamen Myers angenommen hatte. Irgendwann erzählte die ihr, dass mittlerweile auch Unternehmen dazu übergegangen seien, die Persönlichkeit von Bewerbern zu testen.

Da ermutigte Briggs ihre Tochter, einen eigenen Test zu entwickeln. Und daraus entstand im Jahr 1943 der Myers-Briggs-Typenindikator, den mittlerweile weltweit über drei Millionen Menschen absolviert haben. Und das alles nur, weil eine Mutter sich einst über ihren künftigen Schwiegersohn wunderte.

9

Vanillehandel

Wenn heute auf der Insel La Réunion im Indischen Ozean ein Liebeslied erklingt, dann schwillt den Bewohnern vor Stolz die Brust. Das Liebeslied richtet sich an *la petite fleur vanille*, an die kleine Blume Vanille, und ist sozusagen die heimliche Hymne der Insel.

Verantwortlich für diesen Gewürznationalismus ist kein Musiker, sondern ein Sklave, der im 19. Jahrhundert auf La Réunion auf einer Plantage arbeitete. Der junge Edmond Albius bewunderte eine Orchideenart ganz besonders, die es inzwischen mit ihren fermentierten Kapselfrüchten zu Weltruhm gebracht hat – den Vanilleschoten.

Wie bereits viele andere vor ihm, zu denen auch Alexander von Humboldt gehörte, experimentierte Albius mit der Gewürzvanille. Er wollte der eigentlich aus Mexiko stammenden Pflanze auf La Réunion ein neues Zuhause schaffen. Doch seine Bemühungen fruchteten nicht. Die Pflanzen trugen keine Früchte, weil die natürliche Bestäubung nicht klappte. Albius' Begeisterung für die Vanille wurde gewissermaßen im Keim erstickt.

Doch 1841 geschah etwas Außerordentliches. Albius hatte beharrlich versucht, die Gewürzvanille zum Blühen zu bringen, und eines Tages probierte er wieder einmal etwas Neues aus. Mit einer Bambusspitze drückte er die Staubgefäße auf die Blütennarbe der geöffneten Blüten und – siehe da – das war der Weg. Die Gewürzvanille blühte daraufhin in voller Pracht.

Das war der Beginn des kommerziellen Vanilleanbaus und -handels. Mit der noch heute eingesetzten Technik der Handbestäubung konnte das Gewürz gewonnen und in aller Welt gehandelt werden. Von La Réunion wurden bereits 1848 die ersten 50 Kilogramm Vanille nach Frankreich exportiert. Auch heute ist die Vanille eine Spezialität von La Réunion, und es gibt auf der Insel keinen Markt, der nicht die heimischen Vanillestangen im Angebot hätte.

Edmond Albius wurde für seinen Erfindergeist mit der Freiheit belohnt. Und die Welt mit einem Naturprodukt, das in vielen Speisen zur geschmacklichen Veredelung zum Einsatz kommt. Die echte »Bourbon vanille« heißt übrigens nach dem früheren Namen der Insel La Réunion: Île Bourbon und schmeckt tausendmal leckerer als ihre künstlich erzeugte Schwester.

10

Der Einkaufswagen

Eine Innovation ist immer dann gelungen, wenn man über ihre Benutzung im Alltag überhaupt nicht mehr nachdenkt – so wie bei einem Einkaufswagen. Oder haben Sie sich schon mal überlegt, wie umständlich der Einkauf ohne die Helfer auf vier Rädern wäre? Sylvan Goldman hat es getan.

Der amerikanische Geschäftsmann hatte schon immer ein Gespür für das richtige Timing. Seinen ersten Supermarkt hatte er kurz vor dem Börsencrash 1929 verkauft, fünf Jahre später übernahm er die Supermarktketten mit den hübschen Namen Humpty-Dumpty und Piggly-Wiggly. Doch irgendwie lief es nicht rund. Die Kunden, die damals vor allem Frauen waren, gaben nicht genug Geld aus. Und eines Tages fiel ihm der ziemlich banale Grund auf: Sie kauften immer nur so viel, wie sie in ihrem Körbchen durch den Laden tragen konnten.

Eines Abends kam Goldman die Idee, die ihn reich machen sollte: Er nahm einen Metallstuhl, schraubte Räder unter die Beine und montierte auf die Sitzfläche einen Korb. Fertig! Am 14. März 1938 meldete Goldman seine Erfindung zum Patent an.

Ob die Kundinnen ihm das Gefährt dankbar aus der Hand rissen? Von wegen. Sie waren skeptisch und ließen es links liegen. Aber Goldman, der zutiefst von seiner Erfindung überzeugt war, hatte eine Idee. Er engagierte einige männliche und weibliche Models und trug ihnen auf, die Einkaufswagen durch die Filialen zu schieben und dabei ein freudiges Lächeln aufzusetzen. Das war der Durchbruch – schon bald rissen sich die Kunden um die neuen Wägelchen.

Man kann sagen, dass Goldman das Einkaufserlebnis für immer revolutionierte. Und für außergewöhnliche Leistungen wird man meistens auch außergewöhnlich entlohnt. Als Goldman 1984 im Alter von 86 Jahren starb – genau eine Woche nach seiner Ehefrau, mit der er 53 Jahre verheiratet war, gehörte er zu den reichsten Amerikanern überhaupt.

Übrigens: Seine Folding Carrier Corporation stellt heute unter dem Namen Unarco weiterhin Einkaufswagen her – als Teil von Berkshire Hathaway, der Investmentgesellschaft von Warren Buffett.

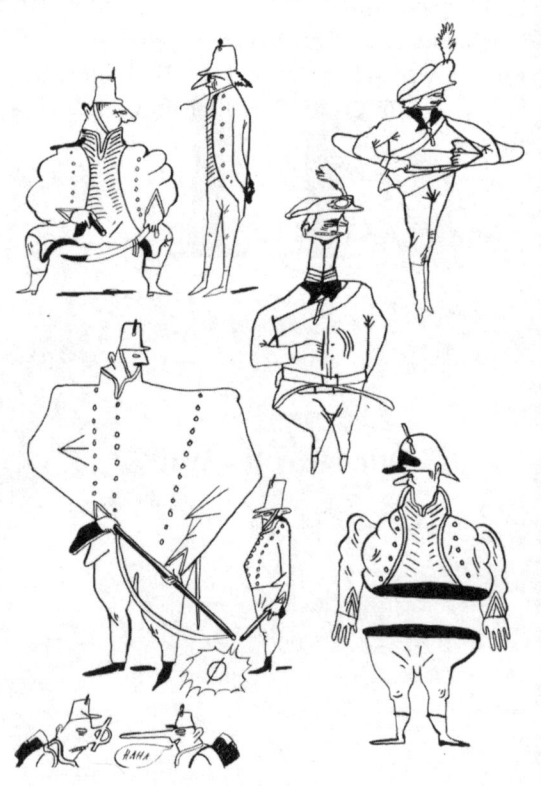

11

Der Durchschnitt

Der Durchschnitt ist als Maßstab und Messlatte bereits seit Jahrzehnten allgegenwärtig. Wer aufs Gymnasium will, braucht schon in der Grundschule Noten, die überdurchschnittlich sind, und der Mittelwert der Abiturnoten entscheidet darüber, ob und was man studieren darf. Auch Arbeitgeber begründen Einstellungen und Leistungsbewertungen gerne im Vergleich mit dem Durchschnitt. Was aber kaum jemand weiß: Diese Methode geht ursprünglich auf einen belgischen Astronomen zurück.

Adolphe Quételet hatte es sich zur Aufgabe gemacht, aus den scheinbar zufälligen Bewegungen der Planeten am Himmel Gesetzmäßigkeiten abzuleiten. Die wichtigste Methode war die Geschwindigkeitsmessung. Astronomen stoppten beim Blick durchs Teleskop die Zeit, die ein Planet für eine bestimmte Strecke brauchte. Um der tatsächlichen Geschwindigkeit möglichst nahezukommen und Fehler zu minimieren, nahmen sie alle Einzelmessungen zusammen – zu einer durchschnittlichen Messung.

Als im Jahr 1830 in Belgien die Revolution ausbrach, die zur Abspaltung vom Königreich der Niederlande führte, verschob sich Quételets Interesse von der Bewegung der Planeten zum menschlichen Körper. Auf den ersten Blick schien dieser so chaotisch wie die Bewegung der Gestirne. Also versuchte er ihn mithilfe der Durchschnittsmethode zu strukturieren.

Quételet sammelte alle Zahlen, die er finden konnte. Angefangen mit dem Brustumfang schottischer Soldaten bis zur Körpergröße und dem Gewicht seiner belgischen Landsleute aggregierte und mittelte er sämtliche verfügbaren Daten. Für ihn war der Durchschnitt dabei nicht nur irgendeine Zahl, sondern die bestmögliche Annäherung an das Idealbild des Menschen. Alles, was davon abwich, war für ihn ein Fehler. So kam der Durchschnitt in die Welt.

12

Die Mikrowelle

Manche Geschichten sind einfach zu schön, um nicht wahr zu sein. Tatsächlich lässt sich heute nicht mehr mit absoluter Sicherheit sagen, ob die folgende Anekdote der Wahrheit entspricht.

Der amerikanische Physiker Percy Spencer war 1945 beim US-Rüstungskonzern Raytheon angestellt und tüftelte an der Entwicklung von Radargeräten. Der Legende nach hatte er sich eines schönen Tages einen Schokoladenriegel in seinen Arbeitskittel gesteckt. Als er das Labor verließ, war der Riegel geschmolzen. Plötzlich hatte Spencer eine Vermutung.

In den darauffolgenden Wochen testete er den Effekt von Radiowellen unter anderem an Maiskörnern und Eiern. Die Maiskörner wurden zu Popcorn, das Ei explodierte. Spätestens da war Spencer klar: Der Schokoriegel hatte ihn auf die Spur einer kuriosen Entdeckung geführt.

Noch im selben Jahr meldete Raytheon ein Patent an, zwei Jahre später kam die erste kommerzielle Mikrowelle auf den Markt. Der »Radarange« war allerdings eher etwas für Liebhaber, denn er war fast zwei Meter groß und etwa 350 Kilogramm schwer. Doch in den darauffolgenden Jahren gelang es dem Unternehmen, die Mikrowelle deutlich zu schrumpfen.

Danach stand der globalen Expansion nichts mehr im Weg, und heute gehört Spencers Erfindung zu den am meisten verbreiteten Küchengeräten überhaupt. Nach Angaben des Statistischen Bundesamtes besaßen im Jahr 2015 73,3 Prozent der privaten Haushalte in Deutschland eine Mikrowelle. Und das alles nur wegen eines geschmolzenen Schokoriegels.

13

Das Bruttoinlandsprodukt

Über kaum etwas streiten Ökonomen so leidenschaftlich wie über das Bruttoinlandsprodukt, kurz BIP. Die einen halten es für einen sinnvollen Indikator, um daraus Rückschlüsse auf die Wirtschaftspolitik zu ziehen, während die anderen bemängeln, es verzerre den Blick auf die Wirklichkeit. Eine Auseinandersetzung, die der geistige Vater des BIP bereits vorausgeahnt hatte.

Simon Kuznets kam im Jahr 1901 in der heutigen Ukraine zur Welt, 1922 folgte er seinem Vater in die USA und studierte an der Columbia-Universität. Ab 1927 war er als Forscher am National Bureau of Economic Research angestellt. Und dort erhielt er einige Jahre später einen Auftrag, der ihn berühmt machen sollte.

In den Dreißigerjahren befanden sich die USA in einer schweren wirtschaftlichen Krise. Erschwerend kam dazu, dass niemand einen genauen Überblick hatte, wie schlimm es tatsächlich um das Land stand. Es fehlte an Daten über Produktivität oder Beschäftigung. Der US-Kongress wollte Abhilfe schaffen und beschloss, eine Studie in Auftrag zu geben, um endlich auf valide Zahlen zurückgreifen zu können. Der Auftrag ging an das National Bureau of Economic Research. Und dort wurde ein junger Forscher mit der Studie betraut – Simon Kuznets.

Im Januar 1934 überreichte er dem Kongress einen 261 Seiten langen Bericht mit dem Titel »National Income, 1929-32«. Darin listete er nicht nur auf, wie hoch die Einkommen in verschiedenen Sektoren waren, sondern auch, wie viele Menschen in welchen Branchen angestellt waren. Für Freunde der Statistik war die Lektüre ein echter Leckerbissen.

Kuznets war sich der Brisanz seiner Fleißarbeit bewusst. Deshalb ließ er den US-Kongress bereits bei der Vorstellung des Berichts wissen, »dass man vom BIP nicht auf den Wohlstand eines Landes schließen« kann.

Zwar wurde das Konzept des BIP in den Jahrzehnten danach noch verfeinert, doch das entschärfte die Diskussion um dessen Aussagekraft nicht unbedingt, eher im Gegenteil. Kuznets war der erste, der das Wirtschaftswachstum ins Zentrum der Debatte brachte. Er wusste, wie umstritten das BIP als Orientierungsgröße war. Dass dies fast 100 Jahre so bleiben würde, konnte er allerdings nicht ahnen.

14

Kartoffelchips

Eines Tages im Jahr 1853 war die Köchin Catherine Wicks im Restaurant Moon's Lake im US-Bundesstaat New York schwer beschäftigt. Sie wollte gerade Krapfen braten und hatte schon mal Öl in der Pfanne erhitzt, während sie nebenbei Kartoffeln schälte. Da unterlief ihr ein kleines Malheur. Ein Malheur, das in den darauffolgenden Jahrzehnten die Snackgewohnheiten der ganzen Welt für immer verändern sollte – Wicks fiel eine hauchdünne Kartoffelscheibe in die heiße Pfanne.

Schnell zog sie die Kartoffelscheibe wieder heraus. Aber ihr Bruder George Crum, der ebenfalls in dem Restaurant arbeitete, wurde auf das ungewöhnliche Gebäck aufmerksam, biss hinein und war überrascht: »Hmm, lecker! Wie hast du das denn gemacht?« Catherine schilderte ihr kleines Missgeschick. »Was für ein günstiger Zufall«, erwiderte ihr Bruder, »lass uns doch noch mehr davon machen.«

Gesagt, getan.

Schon bald wurden die Chips unter dem Namen »Saratoga Chips« – in Anlehnung an das Städtchen, in dem das Restaurant stand – zu einer bekannten Spezialität. Zuerst nur regional, dann national, und schließlich global.

Noch heute hält sich hartnäckig die Legende, dass in Wahrheit George Crum der Erfinder der Kartoffelchips sei. Man sagt, er habe sich an einem Gast rächen wollen, dem sein Essen nicht schmeckte. Er revanchierte sich, indem er ihm Kartoffelscheibchen servierte, die er zuvor in Öl gebadet, gebraten und tüchtig versalzen hatte. Doch in Wicks' offiziellem Nachruf im Lokalblättchen *The Saratogian* vom 8. Oktober 1924 wurde sie als die eigentliche Erfinderin identifiziert.

Unglücklicherweise ließ sich das Geschwisterpaar das Rezept nicht patentieren. Das erledigte erst im Jahr 1974 ein gewisser Alexander Liepa – im Auftrag des Konsumgüterkonzerns Procter & Gamble.

15

Chemotherapie

Im Jahr 1947 arbeitete Sidney Farber als Pathologe an einem Kinderkrankenhaus in Boston. Seine Tage verbrachte er in einem dunklen Kellerlabor, wo er Gewebeproben analysierte, Leichen obduzierte und Krankheiten diagnostizierte – allerdings immer erst dann, wenn die kleinen Patienten bereits verstorben waren.

Farber war es nach 20 Jahren mühevoller,

frustrierender Arbeit leid, sich nur mit den Toten zu beschäftigen. Er wollte sich lieber um die Lebenden kümmern. Und deshalb suchte er sich den denkbar härtesten Gegner aus: die Leukämie.

Die tückische Krankheit beschäftigte Mediziner schon seit mehr als 100 Jahren. Doch damals mussten sie hilflos zusehen, wie die betroffenen Kinder starben, oft nur Tage oder Wochen nach der Diagnose. Farber wollte das nicht mehr hinnehmen und wagte ein Experiment.

Nach dem Zweiten Weltkrieg war es Medizinern gelungen, Patienten mithilfe von Folsäure wieder aufzupäppeln. Farber verabreichte das Mittel daher leukämiekranken Kindern. Doch der Versuch endete im Desaster. Der Verlauf der Leukämie verlangsamte sich nicht wie erhofft, sondern beschleunigte sich stattdessen noch.

Als drittes von 14 Kindern war Farber es gewohnt, mit Widerständen fertigzuwerden. Aufgeben kam nicht infrage. Und tatsächlich hatte er eine Idee: Wenn Folsäure die Leukämie beschleunigt – würde ein Stoff, der die Folsäure hemmt, womöglich auch den Krankheitsverlauf der Leukämie verlangsamen? Deshalb bestellte er wenig später bei einer Pharmafirma mehrere Flaschen Aminopterin – eine gelbliche, chemische Substanz, sozusagen das Gegenmittel zur Folsäure.

Dieses Mittel testete er an einer Gruppe von 16 Kindern, die an Leukämie erkrankt waren. Und siehe da: Es gelang ihm zumindest, den Krankheitsverlauf zu verlangsamen – damals eine medizinische Sensation. Am 3. Juni 1948 veröffentlichte er die entsprechende Studie, die von vielen Wissenschaftlern skeptisch aufgenommen wurde. Doch ebenso viele Kinderärzte schrieben Farber begeistert und baten ihn um Hilfe.

Farber zeigte als Erster, dass es vielleicht nicht möglich ist, Krebs zu besiegen, wohl aber ihn zumindest einzudämmen und seine Ausbreitung zu verlangsamen.

16

Das Großraumbüro

Im Jahr 1958 erhielt der freie Designer Robert Propst einen interessanten Auftrag vom US-Bürogerätehersteller Herman Miller. Er sollte die Arbeitsplätze von Angestellten angenehmer gestalten.

Konkret hieß das, die neue Generation moderner Wissensarbeiter aus der Isolation ihrer Einzelbüros zu befreien. Denn bereits damals setzte sich in der Forschung die Erkenntnis durch, dass es der Kreativität nicht unbedingt förderlich ist, wenn Menschen den ganzen Tag allein an ihrem Schreibtisch hocken.

Propst sprach also mit Angestellten, Ärzten und Psychologen, wobei ihn vor allem eine Frage umtrieb: Wie müsste ein Raum aussehen, der sowohl die Produktivität und den Wohlfühlfaktor erhöht als auch die Privatsphäre garantiert?

Seine Antwort war das sogenannte *Action*

Office. Darin gab es einen großen Raum mit verstellbaren Schreibtischen und Stehpulten, großen Ablageflächen und gemütlichen Stühlen, der in bunten Farben gehalten war. Propst hatte auch an die Privatsphäre gedacht. Wer sich zurückziehen wollte, hatte dafür eigene Räume zur Verfügung. Außerdem fügte er allen Arbeitsplätzen Trennwände hinzu. Netter Nebeneffekt: So konnten die Büros schnell und ohne viel Aufwand umgebaut werden.

1968 war die Idee marktreif und der Erfinder zufrieden: »Es ist wirklich erstaunlich, wie viel plötzlich passieren kann und wie viel miteinander geredet wird, sobald die Menschen mal aus ihrer Umgebung gerissen werden«, sagte Propst, »und wenn sie sich stattdessen bewegen und miteinander plaudern.«

Das klang gut, zumindest theoretisch. Doch in der Praxis geschah etwas ganz anderes. Denn die Idee kam den Unternehmen damals gerade recht: Einerseits brauchten sie immer mehr Angestellte für immer mehr Büroarbeit, andererseits wurde Büroraum immer teurer. Also nutzten sie Propsts Vision vom modularen Bürosystem einfach dazu, mehr Menschen auf weniger Fläche zu sperren.

Das hatte Propst nun wirklich nicht gewollt. Ein Groll, den er sein ganzes Leben lang nie wieder los wurde. Dementsprechend bitter klang sein Fazit noch Jahrzehnte später. »Rattenlöcher« seien die Bürobatterien, »monumentaler Irrsinn«, sagte er der *New York Times* drei Jahre vor seinem Tod in einem seiner seltenen Interviews.

Offenbar gehört es zur Tragik vieler einfallsreicher Köpfe, dass ihre Ideen bisweilen bis zur Unkenntlichkeit entstellt werden.

17

Die Kreditkarte

Es begann mit einem vollen Magen und einem schlechten Gewissen. Im Jahr 1949 hatte Frank McNamara gerade lecker im New Yorker Restaurant Major's Cabin Grill gespeist. Doch als die Rechnung kam, stellte er erschrocken fest, dass er sein Portemonnaie vergessen hatte.
Von diesem Erlebnis erzählte McNamara wenig später seinem Anwalt Ralph Schneider. Und der

hatte nicht nur ein Faible für Paragrafen, sondern auch einen Riecher für Geschäftsmodelle. Die Anekdote brachte ihn auf eine Idee. Wie wäre es, wenn man sich einen Kauf erst einmal auf Pump finanziert und das Geld später vom Konto abgebucht wird, und zwar mittels einer speziellen Karte, die dem Gläubiger garantiert, dass er sein Geld auch tatsächlich erhält?

McNamara und Schneider fiel auf, dass es eine solche Karte noch nicht gab. Und weil die Idee auf ein Essen zurückging, nannten sie die Karte »Diners Club«. Die erste Kreditkarte der Welt war geboren.

Mit dieser Idee kontaktierten sie in den folgenden Wochen ein Dutzend Restaurantbesitzer – doch wie bei vielen Innovationen war die Skepsis größer als die Neugier: »Die meisten hielten die Karte für eine gute Idee«, erzählte Schneider später der *New York Times*, »aber sie glaubten nicht, dass es funktionieren würde.«

Bis auf einen Gastronomen – und der gab den Ausschlag für den Erfolg. Innerhalb eines Jahres hatte das neue System 42 000 Mitglieder gewonnen und wurde von mehr als 300 Geschäften akzeptiert. Der Beginn einer weltweiten Erfolgsgeschichte. Allein in Deutschland gab es im Jahr 2014 über 31 Millionen Kreditkarten.

Anwalt Ralph Schneider wurde übrigens einmal gefragt, wie er es zum Millionär schaffte: »Ich gebe Ihnen einen Hinweis«, antwortete er, »Sie brauchen Glück.«

18

Herzschrittmacher

Wilson Greatbatch war schon als Jugendlicher begeistert von Technik. Da lag es nahe, dass er seine Fähigkeiten ab 1936 in der amerikanischen Marine einsetzte. Dort brauchte man damals qualifizierte Techniker, um die Kommunikationssysteme der Schiffe zu bedienen. Doch nach Ende des Zweiten Weltkriegs entschied Greatbatch, sein Talent für friedvollere Zwecke einzusetzen.

Zunächst studierte er Elektrotechnik, später arbeitete er als Nachwuchsforscher für ein Labor der Universität von Buffalo. Und dort kam er in Kontakt mit dem Thema, das ihn reich und berühmt machen sollte.

Die Forschungseinrichtung beschäftigte sich mit der wissenschaftlichen Untersuchung des Herzschlags, und zwar an der Schnittstelle zwischen Medizin und Elektronik. Greatbatch sollte damals eigentlich einen Apparat bauen, der Herzschläge aufzeichnete. Doch als er ein Kabel falsch einstöpselte, erzeugte das Gerät plötzlich elektrische Impulse: Bumm. Bumm. Bumm. Bumm. Bumm.

Greatbatch dachte sofort an einen Herzschlag. Und er wusste, dass er sich beeilen musste. Schon seit dem 18. Jahrhundert hatten sich Wissenschaftler damit beschäftigt, das Herz durch Elektrizität wieder anspringen zu lassen. In den Fünfzigerjahren arbeiteten bereits Dutzende von Wissenschaftlern auf der ganzen Welt an der Entwicklung der entsprechenden Geräte. Umso fieberhafter tüftelte Greatbatch in den folgenden zwei Jahren – und er hatte Erfolg.

Am 22. Juli 1960 meldete er das Patent für den ersten implantierbaren Herzschrittmacher an. Ein Jahr später vergab er eine Lizenz an das Unternehmen Medtronic. Der heutige Weltmarktführer hat inzwischen mehr als 85 000 Mitarbeiter, einen Umsatz von etwa 29 Milliarden Dollar und produziert die Hälfte aller weltweit implantierten Herzschrittmacher.

Greatbatch starb 2011 im Alter von 92 Jahren, nicht ohne der Welt noch eine schöne Weisheit zu hinterlassen: »Wer auf ein erfolgreiches Experiment drängt, auf beruflichen Status, eine finanzielle Belohnung oder die Zustimmung seiner Kollegen«, schrieb er in seinen Memoiren, »der möchte für etwas bezahlt werden, was ein Akt der Liebe sein sollte.«

19

Das Teleskop

Die besten Erfindungen sind einfach zu kapieren, aber schwierig zu imitieren. Ansonsten wird auch die genialste Idee sofort von Nachahmern kopiert. Hans Lippershey musste das selbst auf schmerzliche Weise erfahren.

Zur Welt gekommen war er um 1570 in Wesel am Niederrhein, später arbeitete er als Brillenmacher im niederländischen Middelburg.

Der Legende nach beobachtete er im Jahr 1608 zwei Kinder beim Spielen in seiner Werkstatt. Sie hielten zwei Linsen hintereinander, spähten durch das Fenster von Lippersheys Werkstatt und waren verblüfft, wie nah der Wetterhahn auf dem Kirchturm plötzlich erschien!

Das brachte Lippershey auf eine ebenso simple wie geniale Idee: Er nahm zwei Linsen und befestigte sie an einem Rohr – eine konvexe Linse als Objektiv, eine konkave Linse als Okular.

Lippershey erkannte das kommerzielle Potenzial seiner Innovation. Weil er sich ein Patent sichern wollte, schrieb er der Regierung in Den Haag und wurde abgewiesen, mit der Begründung, dass es bereits eine Reihe weiterer Glasmacher gab, die an eigenen Fernrohren tüftelten. Einer davon war Lippersheys Nachbar.

20

Spaghetti-Eis

Angeblich soll Reisen ja bilden, und manchmal bringt es einen sogar auf neue Geschäftsideen. So wie bei Dario Fontanella.

Im Alter von 17 Jahren bekam der gebürtige Italiener im Urlaub zum Dessert »Montebianco« serviert – pürierte Esskastanien mit Zucker und einer weißen Sahnehaube. Neugierig fragte er die Wirtin, wie sie den kleinen braunen Hügel hergestellt habe. Ganz einfach, antwortete sie. Man müsse die Esskastanien lediglich durch eine Kartoffelpresse drücken. Da kam Fontanella auf eine Idee.

Seine Eltern führten in Mannheim eine Eisdiele. In den Osterferien 1969 drückte er dort Erdbeer-, Zitronen- und Pistazieneis durch eine Spätzlepresse, denn er hatte sich vorgenommen, die italienische Flagge in Eisform anzufertigen. Sein Vater war verblüfft und sagte: »Ich habe noch nie bunte Spaghetti gesehen.« Ob Dario es nicht mal mit Vanilleeis probieren wolle, das sehe dem Pastateig doch ziemlich ähnlich. Gesagt, getan.

Als Imitat der Tomatensoße hackte er zunächst Himbeeren klein, aber das Ergebnis gefiel ihm nicht. Also versuchte er es mit Erdbeerpüree, das sah schon viel besser aus. Für das perfekte Resultat fehlte nur noch der Parmesanersatz. Zum Glück standen in der Küche seiner Eltern noch ein paar Ostereier aus weißer Schokolade – damit verlieh er seiner Kreation den letzten Schliff. *Buon appetito!*

21

Zeitzonen

Im Jahre 1876 wollte der Kanadier Sandford Fleming in Irland einen Zug besteigen, doch er verpasste ihn um wenige Minuten. Der nächste fuhr erst einen halben Tag später, und so war Fleming gezwungen, stundenlang zu warten. Er ärgerte sich. Und verwandelte den Ärger in eine weltbewegende Idee.

Damals galten überall auf der Welt unterschiedliche Zeiten. Wer beispielsweise den Bodensee umreisen wollte, musste ständig die Uhrzeit anpassen. Kam der Reisende aus der Schweiz nach Konstanz, musste er seine Uhr um vier Minuten vorstellen. Im Raum Friedrichshafen waren es noch einmal drei Minuten, in Lindau schließlich weitere neun. Und so ging es immer weiter.

Wer sollte da den Überblick behalten? Reisen wurde zur Suche nach der verlorenen oder gewonnenen Zeit. Und die misslang häufig, wie das Erlebnis von Sandford Fleming zeigt. Vor allem aber machte dieses Zeitchaos einen sicheren und pünktlichen Zugbetrieb unmöglich.

Dabei war es doch eigentlich ganz einfach. 12 Uhr Mittag ist immer dort, wo die Sonne im Zenit steht, also am höchsten Punkt. Sandford Fleming nahm diese Konstante zum Ausgangspunkt und teilte die Welt nach Längengraden in 24 Zeitzonen, weil die Erde die Sonne in 24 Stunden umrundet. Jede Zeitzone umfasst 15 Längengrade (360 Grad geteilt durch 24).

Acht Jahre nach dem verpassten Zug trafen sich 25 Staaten zur Washingtoner Mediankonferenz, um den Nullmeridian, der durch das britische Greenwich läuft, als Bezugspunkt für die Weltzeit festzulegen. Natürlich gab es erst einmal viele nationale Streitereien und Sonderwege, doch nach und nach übernahmen immer mehr Staaten die Zeiteinteilung nach Fleming.

Diese Zeitzonen sind heute die Voraussetzung für sicheres und gelingendes Reisen in einer verbundenen Welt. Man kann immer noch Züge verpassen, aber das liegt dann nicht mehr daran, dass die Abfahrtszeit relativ ist.

Und dann gibt es noch die großen Staaten, innerhalb derer verschiedene Zeitzonen gelten, wie beispielsweise die USA. Wenn man mit dem Auto von der mexikanisch-texanischen Grenze nach El Paso fährt, wechselt wenige Meilen vor der Stadtgrenze die Zeit von der *Central Standard* in die *Mountain Time*. Man kann dann ganz gelassen an den Straßenrand fahren, den Motor abschalten und eine Stunde lang ungestört vor sich hinträumen. Bei der Weiterfahrt bleibt diese Stunde eine vollkommen unverlorene Zeit.

22

Die erste
Dinosaurierforscherin

Ältere Geschwister können grausam sein. Vor allem als Kinder neigen sie häufig dazu, ihre jüngeren Brüder und Schwestern herumzukommandieren. Meist sorgen sie damit für Konflikte, manchmal jedoch tun sie ihren Geschwistern ganz unfreiwillig einen Gefallen. Zum Beispiel dann, wenn sie ihnen den Weg ebnen für eine einzigartige Karriere. So war es im Fall von Mary Anning.

Im Jahr 1812 lebte die Britin gemeinsam mit ihrem Bruder und ihrer Mutter in dem verschlafenen Dorf Lyme Regis an der Südküste von England. Marys Vater war kurz zuvor verstorben, die Familie war bitterarm. Um sich Geld dazuzuverdienen, gruben die beiden Geschwister an der Küste nach Knochenresten und verkauften sie an reiche Sammler.

Eines Tages entdeckte Marys Bruder Joseph bei den Ausgrabungen ein Skelett. Er dachte zunächst, es handle sich um die Überreste eines Krokodils – und verlor das Interesse. Stattdessen trug er seiner Schwester auf, die Knochen auszugraben. Für 23 Pfund verkaufte sie sie später an einen privaten Sammler.

Was Anning da entdeckt hatte, war allerdings kein Krokodil, sondern ein Ichthyosaurus – eine Fischechse, die vor etwa 190 bis 200 Millionen Jahren lebte.

Mit diesem Zufallsfund begann Annings Karriere als berühmteste Fossiliensammlerin aller Zeiten. Sie hatte nicht nur eine sichere

Spürnase, sondern auch die notwendige Sorgfalt und Geduld. Immerhin buddelte sie jahrelang im Sand und hatte dazu nur das einfachste Werkzeug zur Verfügung. Doch ihr Durchhaltevermögen wurde belohnt.

Etwa zehn Jahre später stieß Anning auf ein 2,70 Meter langes Skelett ohne Beine und Flossen, dafür aber mit Paddeln – heute weiß man, dass es sich dabei um einen Plesiosaurier handelte. Außerdem entdeckte sie an der Küste die Überreste eines Flugsauriers. Mit ihren Funden ermöglichte sie es den Wissenschaftlern, die Welt vor 200 Millionen Jahren zu rekonstruieren, inklusive ihrer Bewohner an Land und im Wasser.

Trotzdem wurde ihr zu Lebzeiten nie die Anerkennung zuteil, die sie verdient hätte. Die Geological Society verweigerte ihr jahrelang die Mitgliedschaft, die Fachleute ignorierten sie in ihren Aufsätzen. 1847 verstarb Anning mit 48 Jahren an Brustkrebs. Immerhin gibt es noch heute in Lyme Regis ein Museum, das Mary Anning gewidmet ist.

23

Der Hollywood-Schriftzug

Im Jahr 1923 hatte Harry Chandler große Pläne. Der Verleger der *Los Angeles Times* plante in den Hügeln der kalifornischen Metropole ein Immobilienprojekt und wollte dafür Werbung machen. Aber wie?

Der Legende nach hatte ein Freund von ihm eine Idee: Bewirb das Projekt doch mit einem großen Schild!

Wenig später erhielt die Crescent Sign Company einen ungewöhnlichen Auftrag. Sie sollte einen Schriftzug entwickeln, und zwar aus 13 weißen Buchstaben, jeweils etwa 15 Meter hoch und gut 9 Meter breit: »Hollywoodland«. So lautete der Name von Chandlers Immobilienprojekt. Der Schriftzug kostete 21 000 US-Dollar, eine enorme Summe Geld.

Bauarbeiter transportierten die sperrige Konstruktion mithilfe von Eseln den Mount Lee hinauf – inklusive 4000 Glühbirnen, die den Schriftzug nachts erleuchten sollten. Und zwar nach einer besonderen Choreografie: Erst blinkte »Holly«, dann »wood«, dann »land«.

Eigentlich sollten die Buchstaben nur vorübergehend dort stehenbleiben. Doch nachdem die Immobilieninvestoren das Interesse an dem Schriftzug verloren hatten, übernahm 1949 die Handelskammer von Hollywood die Verantwortung für das Schild. Sie ließ die ramponierten Buchstaben aufhübschen und entfernte die Endung »land«.

Ende der Siebzigerjahre war der Schriftzug schon wieder renovierungsbedürftig. Das Geld dafür beschaffte ein legendärer Geschäftsmann bei einer nicht minder legendären Versteigerung: *Playboy*-Gründer Hugh Hefner lud zu einer Patenauktion in seine Villa, samt illustrer Gästeliste. Rockmusiker Alice Cooper gönnte sich für 27 700 Dollar den Buchstaben »O«, Hefner selbst erstand das »Y«.

Im August 1978 entfernten Bauarbeiter das brüchige alte Schild. Zum ersten Mal seit mehr als 50 Jahren blieb der Hügel leer. Doch im November bekam er seinen Schriftzug wieder, knapp 140 Meter lang und 217 Tonnen schwer – in etwa so viel wie ein leerer Jumbojet. Natürlich wurde die Wiedereinweihung standesgemäß gefeiert: mit einer Liveübertragung im Fernsehen.

24

Die Polaroid-Kamera

Was tun Väter nicht alles für ihre Töchter, vor allem, wenn sie noch klein sind. Wer würde nicht versuchen, ihnen jeden Wunsch von den Augen abzulesen – zumal dabei manchmal, aber wirklich nur manchmal, sogar Weltkonzerne entstehen. Wie im Fall von Edwin Land.

1943 machte der Amerikaner mit seiner Familie Urlaub im Bundesstaat New Mexico. Beruflich lief es zu der Zeit für ihn ganz ordentlich. Sein Physikstudium an der Harvard-Universität hatte er zwar noch vor Ablauf des ersten Jahres abgebrochen, allerdings nur, um sich mit einer Geschäftsidee selbstständig zu machen.

Im Hörsaal und in der Bibliothek war er nur selten gewesen, lieber verbrachte er seine Zeit im Labor. Dort hatte Land einen speziellen Filter aus Kunststoff entwickelt. Stark vereinfacht formuliert, ließ er nur jene Lichtwellen passieren, die in einer ganz bestimmten Richtung schwingen. Diesen Prozess nennt man Polarisation. Deshalb nannte Land seine Erfindung – Polaroid.

So hieß auch die Firma, die er 1937 mit seinem ehemaligen Professor gründete, um die Entdeckung zu vermarkten. Die ersten Kunden ließen nicht lange auf sich warten. Eastman Kodak nutzte die Technik für Kameralinsen, andere Firmen fertigten daraus Sonnenbrillen.

Nun erholte sich Land in New Mexico, und wie das für stolze Väter so üblich ist, machte er Fotos seiner damals dreijährigen Tochter Jennifer. Doch die Kleine war unzufrieden. Warum konnte sie das Bild, das er gerade geschossen hatte, nicht sofort sehen?

Diese scheinbar naive Frage ließ Land nicht mehr los, und bei der Suche nach einer Antwort kam ihm eine Idee, die ihn reich und berühmt machte.

Land hatte sich seit seiner Zeit an der Universität mit Materialien beschäftigt, mit denen man Licht manipulieren konnte. Und nach dem Urlaub machte er sich daran, ein Verfahren zu erfinden, bei dem der Film in der Fotokamera ein belichtetes Negativ direkt auf ein Positiv übertrug. Mit anderen Worten: Sofort nach dem Knipsen wurde das Bild entwickelt.

1948 verkaufte er die erste Sofortbildkamera, 1956 waren bereits eine Million Apparate verkauft. 1963 konnte die Polaroid erstmals Farbbilder ausspucken, und es dauerte nicht lange, bis die Sofortbildfotografie sich zum Massenphänomen entwickelte. Und das alles nur, weil ein kleines Mädchen eine kluge Frage gestellt hatte.

25

Der Intervall-Scheibenwischer

Im November 1962 war Robert Kearns mit seinem Ford Galaxie in den Straßen von Detroit unterwegs, als es plötzlich zu regnen begann. Damals boten Scheibenwischer nur zwei Optionen: Bei leichtem Regen konnten sie sich langsam bewegen, bei starkem Regen schnell.

Kearns hatte ohnehin schon Probleme mit dem Sehen, weil er sich Jahre zuvor aus Versehen den Korken einer Champagnerflasche ins Auge gejagt hatte. Als es nun zu regnen begann, ärgerte er sich über seine schlechte Sehkraft, aber besonders ärgerte er sich über die miesen Scheibenwischer.

Warum konnten die nicht genauso funktionieren wie ein menschliches Auge? Das blinzelte doch auch nur ab und zu. In diesem Moment hatte Robert Kearns eine Idee. Wäre es nicht möglich, den Scheibenwischer automatisch so einzustellen, dass er nur gelegentlich über das Fenster putzt?

Kearns hatte einen Masterabschluss in Maschinenbau und saß gerade an seiner Promotion, doch Dinge zu erfinden war schon immer seine echte Leidenschaft gewesen. Allerdings waren seine Erfindungen bisher stets gefloppt, darunter ein Kamm, der das Haarwasser gleich mitverteilt oder ein Verstärker, mit dem Menschen nach einer Kehlkopfoperation wieder sprechen konnten.

Nun hatte er erneut Blut geleckt. Nach der Fahrt im Regen baute er sich im Keller des Backsteinhauses, in dem er mit seiner Frau und vier kleinen Kindern lebte, ein verglastes Büro, um an den Wochenenden ungestört tüfteln zu können. Am 1. Dezember 1964 meldete er das Patent für einen Intervall-Scheibenwischer an.

Nun musste er seine Erfindung nur noch einem großen Hersteller präsentieren, und dafür kam für ihn nur Ford infrage – schon als Kind hatte er die riesige Fabrik in Detroit bewundert. Damals konnte er noch nicht ahnen, dass sich diese Begeisterung eines Tages in Verbitterung verwandeln und ihn der Konzern hintergehen würde.

Mehrmals präsentierte er seinen Intervall-Scheibenwischer einer Heerschar von Ford-Ingenieuren. Die einen waren beeindruckt, die anderen reagierten reserviert. Kearns wollte die genaue Funktionsweise des Scheibenwischers eigentlich für sich behalten. Doch weil er den Experten vertraute und unbedingt mit ihnen ins Geschäft kommen wollte, verriet er ihnen alle technischen Details.

Etwa fünf Monate später folgte die erste Enttäuschung. Ford teilte ihm mit, man sei nicht an seinem System interessiert, denn die hausinternen Ingenieure hätten ein eigenes entwickelt. Im Jahr 1969 kam Ford mit einem neuen Intervall-Scheibenwischer auf den Markt, als erster Hersteller überhaupt. Und der funktionierte genau so wie Kearns' Modell. Die Herstellung kostete zehn Dollar, der Verkaufspreis lag bei 37 Dollar.

Kearns ahnte, was passiert war – und verlangte von Ford eine Erklärung. Aber seine Anwälte erhielten nur die schmallippige Antwort, dass der Konzern Kearns' Patente nicht verletzt hätte, weil diese ohnehin ungültig seien.

Der Erfinder hätte die Sache fast auf sich beruhen lassen. Doch als sein Sohn Dennis sich 1976 einen Mercedes kaufte, musste Robert Kearns feststellen, dass auch dessen Scheibenwischer genauso funktionierten wie seiner. Tatsächlich hatten sich fast alle großen Autohersteller seit Ende der Sechzigerjahre von seiner Erfindung inspirieren lassen.

Da entschied sich Kearns zum Kampf. 1978 verklagte er Ford wegen Patentrechtsverletzungen. Der Konzern versuchte, ihn zu zermürben, indem die Anwälte den Prozess in die Länge zogen. Aber das Unternehmen hatte ihn unterschätzt. Zu tief saß der Frust, zu verletzt war die Ehre des Erfinders.

Das sollte sich lohnen. Im Jahr 1990 zahlte Ford ihm 10,2 Millionen Dollar, und nur ein Jahr später verurteilte ein Gericht auch Chrysler zu einer Zahlung von 18,7 Millionen Dollar.

Gegen seine Verbitterung konnte auch dieser plötzliche Reichtum nichts ausrichten. »Man könnte sagen, dass der Prozess das Leben meines Vaters ruiniert hat«, sagte sein Sohn Tim einmal, »auch wenn ich das so nicht sehe. Der Prozess ist sein Leben. Es ist bloß tragisch, dass er deshalb nichts anderes mehr erfunden hat. Wer weiß, wie viele Menschenleben durch den Intervall-Scheibenwischer gerettet wurden – oder wie viele Menschenleben von seiner nächsten Erfindung gerettet worden wären. Wir werden es nie erfahren.«

26

Das Guinnessbuch der Rekorde

Wie heißt das schnellste Federwild der Welt?
Diese Frage stellte sich in den Fünfzigerjahren Sir Hugh Beaver, damals Geschäftsführer der irischen Guinness-Brauerei. Erst kürzlich hatte er bei der Jagd einen Goldregenpfeifer verfehlt. Weil dieser Fehlschuss den ehrgeizigen Hobbyjäger nachhaltig wurmte, wollte er unbedingt herausfinden, ob er zumindest am schnellsten

Federwild der Welt vorbeigeschossen hatte – und falls nein, wie dieses denn wohl heiße.

Doch seine Recherche blieb ergebnislos, was ihn noch mehr wurmte. Und das brachte ihn auf eine Idee.

Wie wäre es, ein Buch herauszugeben, in dem alle möglichen Rekorde gesammelt sind? Das könnte doch in Pubs für wunderbaren Gesprächsstoff sorgen und wäre außerdem eine prima Werbeaktion für die Brauerei.

Den Auftrag erhielten im Jahr 1954 die Zwillingsbrüder und Journalisten Norris und Ross McWhirter. Niemand konnte ahnen, dass daraus eines der meistgelesenen Bücher der Welt werden würde, nur noch übertroffen von der Bibel, dem Koran und den Schriften Maos. 1955 erschien die erste Ausgabe mit einer Auflage von 50 000 Stück – und wurde sofort ein Bestseller. Inzwischen wurde das Guinnessbuch mehr als 100 Millionen Mal gedruckt und liegt in knapp 40 Sprachen vor.

Übrigens: Das schnellste Federwild der Welt ist die Sporngans mit etwa 142 Kilometern pro Stunde.

27

Die Barbiepuppe

Wer mit einer Erfindung Erfolg haben will, muss an sich glauben – komme, was wolle. Ruth Mosko lernte das schon als Kind.

Zur Welt kam sie am 4. November 1916 im US-Bundesstaat Colorado, als jüngstes von zehn Geschwistern. Ihre Eltern waren aus Polen in die USA eingewandert, ihr Vater arbeitete als Schmied. Viel Geld hatten die Moskos nie, aber dafür mangelte es ihnen nicht an Willenskraft.

1942 gründete Ruth mit ihrem Ehemann Elliot Handler und ihrem Geschäftspartner Harold »Matt« Matson ein Unternehmen. Zunächst stellten sie Bilderrahmen her, dann produzierten sie Zubehör für Puppenhäuser. Dieses Unternehmen tauften sie in Anlehnung an die Namen der beiden Männer – Mattel.

Die Geschäfte liefen ganz ordentlich. Doch Ruth Handler, wie sie seit der Hochzeit hieß, wollte mehr – und ausgerechnet auf einer Europareise erhielt sie die entscheidende Inspiration.

Im Jahr 1956 war sie mit ihrer Familie in Luzern. Die Stadt am Vierwaldstättersee war schon damals ein beliebtes Urlaubsziel, auch für Touristen aus Übersee. Plötzlich entdeckte Handler etwas in einem Schaufenster – und in diesem Moment hatte sie eine Eingebung.

Jahrelang hatte sie ihrer Tochter dabei zugeschaut, wie diese mit ihren Puppen spielte. Die damaligen Modelle stellten hauptsächlich Babys dar, doch Handler war aufgefallen, dass ihre Tochter den Puppen Erwachsenenrollen zuteilte. Deshalb hatte sie schon lange vorgehabt, solch eine Puppe selbst herzustellen. Und als sie in Luzern in ein Schaufenster blickte, da wusste sie: Genau so sollte sie aussehen.

Ruth Handler war in Luzern auf die *Bild*-Lilli gestoßen. Eine blonde, dünne, blauäugige Puppe, mit der die Zeitung aus dem Axel-Springer-Verlag seit ihrem ersten Erscheinungstermin am 24. Juni 1952 warb.

Handler kaufte drei Exemplare und nahm sie mit in die USA. 1959 stellte sie die neue Mattel-Puppe bei einer Spielwarenmesse der Öffentlichkeit vor. Sie taufte sie Barbie – in Anlehnung an ihre Tochter Barbara. Als die Puppe zwei Jahre später einen männlichen Spielkameraden erhielt, nannte sie ihn Ken, wie ihren Sohn.

Damals war das eine echte Provokation: Nun gab es erstmals eine Puppe, die an das Aussehen einer Erwachsenen erinnerte, und genau das kam bei den Kunden gut an. Schon im ersten Jahr verkaufte Mattel 350 000 Stück. 1964 erwarb das Unternehmen die Rechte an Lilli, stellte deren Produktion ein und konzentrierte sich auf Barbies. Seitdem hat Mattel weltweit mehr als eine Milliarde Puppen verkauft und führt inzwischen auch Autos, Pferde und Einhörner im Sortiment.

Das Motto der Barbie-Kollektion lautet übrigens: »Du kannst alles sein.« Es geht um die Kraft der Vorstellung, die manchmal auch darin liegt, genau hinzuschauen, was andere so machen.

28

Post-it

Die einen kleben sie sich als Gedächtnisstütze an den Kühlschrank, die anderen verwenden sie als Lesezeichen im Lehrbuch, wieder anderen dienen sie als Organisationshelfer am Arbeitsplatz: Post-its sind für Millionen Menschen weltweit längst unverzichtbar geworden.

So weit verbreitet sie heute sind, so ungewöhnlich ist ihre Entstehungsgeschichte.

Alles begann damit, dass der Chemiker Spencer Silver, Angestellter des amerikanischen Mischkonzerns 3M, im Jahr 1968 einen neuen Klebstoff erfinden wollte. Wie jeder gute Innovator war er ehrgeizig und getrieben von einer Vision. Der neue Stoff sollte so stark und hart sein wie noch nie ein Kleber zuvor, denn Silver wollte ihn eines Tages im Flugzeugbau einsetzen. Umso größer war seine Enttäuschung, als er nichts weiter zustande brachte als eine pampige Masse.

Gut, sie hatte zwei interessante Eigenschaften: Sie ließ sich leicht wieder ablösen, ohne Spuren zu hinterlassen – und zwar immer und immer und immer wieder. Fünf Jahre lang warb Silver bei 3M in diversen Besprechungen für seine Innovation, doch so recht überzeugt war niemand. Und so landete die Erfindung zunächst buchstäblich in der Schublade. »Meine Entdeckung war eine Lösung, die auf ein Problem wartete«, sagte Silver später einmal. Dieses Problem tauchte einige Jahre später tatsächlich auf, und zwar in einer Kirche.

Damals sang der 3M-Mitarbeiter Arthur Fry in einem Chor. Er hatte großes Vergnügen an den Proben und Auftritten, ärgerte sich allerdings darüber, dass die Papierschnipsel, mit denen er bestimmte Stellen in den Notenblättern kennzeichnete, beim Umblättern ständig herausflogen.

Büroklammern oder Nadeln wollte er aber nicht benutzen, um die Blätter nicht zu beschädigen. Da erinnerte er sich an die Besprechung, in der sein Kollege Jahre zuvor seine Erfindung vorgestellt hatte.

Zurück im Büro, kontaktierte er Silver und begann, mit einer Probe des Stoffes zu experimentieren. Beim nächsten Auftritt des Chors hafteten seine neuen Lesezeichen zuverlässig und ließen sich ohne Probleme wieder entfernen – die Geburtsstunde der weltberühmten Post-its.

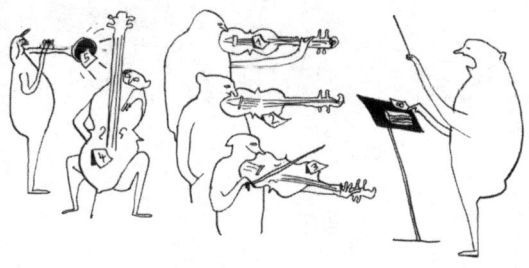

Im April 1980 gingen die gelben Klebezettel in Serienproduktion, zunächst nur im Format 76 x 76 Millimeter. Heute werden davon allein in Deutschland pro Jahr 4,5 Millionen Blöcke verkauft, es gibt sie in mehr als 1000 Variationen und über 100 Ländern.

Auch deshalb, weil 3M als einer der innovativsten Konzerne weltweit gilt, der neuen Gedanken bewusst Raum gibt: »Wir besprechen neue Ideen immer ganz am Anfang«, sagte Fry einmal, »noch bevor wir ein konkretes Produkt im Sinn haben. Wir reden über unsere Probleme, unsere Misserfolge. Das erfordert Mut und Vertrauen. Aber wir werfen eine Idee niemals weg, denn man weiß nie, ob sie ein Kollege nicht eines Tages noch mal brauchen kann.«

29

Teflon

Im Jahr 1938 war Roy Plunkett gerade mal 27 Jahre alt. Doch schon seit zwei Jahren arbeitete der Amerikaner als Chemiker beim Unternehmen Dupont. In einem Labor tüftelte er gerade an einem neuen Kältemittel für Kühlschränke, als ein Experiment schiefging – zumindest dachte Plunkett das zunächst.

Er konnte nicht ahnen, dass er damit unabsichtlich die Kochgewohnheiten von Millionen Menschen verändern und gleichzeitig einen milliardenschweren Industriezweig ins Leben rufen würde.

Plunkett experimentierte damals im Labor mit einem Gas namens Tetrafluorethylen, das er auf Trockeneis in flaschenförmigen Zylindern lagerte. Als er eines Morgens ins Labor kam, stellte er fest, dass sich die Proben über Nacht in helles Pulver verwandelt hatten. Chemiker bezeichnen diesen Vorgang als Polymerisation – ein Prozess, bei dem sich, stark vereinfacht gesagt, bestimmte Moleküle miteinander verketten.

Im ersten Moment war Plunkett enttäuscht. Denn er befürchtete, seine Versuche nun von vorn beginnen zu müssen. Doch als er das neue Material testete, bemerkte er, dass es nicht nur hitzeresistent war, sondern auch eine geringe Oberflächenreibung besaß. Anders gesagt: Nichts blieb an ihm haften.

Da schwante dem Chemiker, dass seine Erfindung kommerzielles Potenzial besaß. 1941 erhielt er das Patent für den Stoff namens Polytetrafluorethylen, kurz: PTFE.

Seinen ersten Einsatz hatte das Material beim Bau der Atombombe: Das »Manhattan-Projekt« war bei der Urananreicherung auf hitzeresistente Gefäße angewiesen. Ab 1948 verwertete Dupont Teflon kommerziell, zunächst für Dichtungen und als Isoliermaterial.

Erst Anfang der Fünfzigerjahre hielt der Stoff Einzug in die Küchen. Der französische Chemiker Marc Grégoire war damals auf die Substanz aufmerksam geworden und hatte seine Angelschnüre mit Teflon überzogen, damit sie nicht mehr so leicht durcheinandergerieten. Doch es war seine Frau Colette, die schließlich auf die gute Idee kam, auch Pfannen damit zu beschichten – die Geburtsstunde der Firma Tefal, ein Kürzel aus Teflon und Aluminium.

1975 ging Plunkett in Rente, nach 40-jähriger Laufbahn bei Dupont. Als er zehn Jahre später in die National Inventors Hall of Fame aufgenommen wurde, äußerte er sich zufrieden über die Erfindung, die ihn nicht finanziell reich gemacht hatte, aber zumindest ideell: »Meine Erfindung war für viele Menschen sehr nützlich. Nicht nur indirekt, sondern ganz unmittelbar – sogar für viele Menschen, die ich persönlich kenne.«

30

Penicillin

An einem Augusttag im Jahr 1928 räumte der schottische Bakteriologe Alexander Fleming sein Labor im Londoner St. Mary's Hospital auf, denn er wollte mit seiner Familie in den Urlaub fahren. Als er am 28. September zurückkehrte, ärgerte sich Fleming zunächst: Er hatte vergessen, eine Petrischale mit Bakterien zuzudecken, und jetzt war sie verschimmelt.

Fleming hätte die Petrischale nun einfach wegwerfen können. Stattdessen war er neugierig und untersuchte die Proben genauer. Dabei fiel Fleming auf, dass sich die Bakterien auf wundersame Weise vom Schimmelpilz fernhielten. Weil er eine Substanz absonderte, die für sie tödlich ist – Penicillin.

Im Jahr 1929 veröffentlichte Fleming seine Ergebnisse in einer Studie, die von seinen Kollegen allerdings zunächst ignoriert wurde. Fleming tüftelte zwar weiter an dem Stoff, doch er scheiterte vor allem daran, ihn in großen Mengen zu kultivieren.

Das gelang erst ein Jahrzehnt später dem Australier Howard Walter Florey und dem Deutschen Ernst Boris Chain. 1945 erhielt das Trio den Medizin-Nobelpreis »für die Entdeckung des Penicillins und seiner Heilwirkung bei verschiedenen Infektionskrankheiten«.

Noch Jahrzehnte später konnte Fleming sein Glück kaum fassen. »Als ich am 28. September aufwachte, hatte ich sicher nicht vor, das erste Antibiotikum der Welt zu entdecken und damit die Medizin zu revolutionieren. Aber ich schätze mal, genau das ist passiert.« Seine Demut und Bescheidenheit behielt er trotz seiner berühmten Entdeckung: »Ich habe das Penicillin nicht erfunden«, pflegte Fleming zu sagen. »Das hat die Natur geschaffen. Ich habe es nur durch Zufall entdeckt.«

31

Das Streichholz

John Walker war zwar ein genialer Erfinder, aber leider kein guter Geschäftsmann – sonst wäre sein Leben anders verlaufen.

Im Jahr 1826 führte der Chemiker eine Apotheke im englischen Städtchen Stockton-on-Tees. Er war ein eigenwilliger Zeitgenosse, hatte weder Frau noch Kinder und verbrachte seine Freizeit am liebsten mit kuriosen Experimenten.

Eines Tages rührte er in seinem privaten Labor eine Mischung an. Eigentlich wollte er eine leicht entflammbare Substanz herstellen, die sich in der Munitionsherstellung nutzen ließe. Dazu hatte er eine Mixtur aus Antimonsulfid und Kaliumchlorat auf ein kleines Stäbchen geträufelt. Doch dann pappten daran Klümpchen fest. Walker wollte sie auf dem Fußboden abstreifen – und ganz plötzlich entzündete sich eine Flamme.

Im April 1827 verkaufte er in seiner Apotheke erstmals ein Streichholz, das damals noch aus Pappe war. Dann schnippelte er Holzspäne per Hand zusammen. Und noch ein wenig später legte er die Hölzchen in kleine Pappschachteln und klebte Schmirgelpapier an die Seite.

Seine Kunden rieten ihm, seine Erfindung unbedingt patentieren zu lassen. Hätte er mal besser auf sie gehört!

Denn zwei Jahre später erfuhr ein gewisser Samuel Jones aus London von Walkers Idee. Der war kein genialer Erfinder, dafür aber ein cleverer Geschäftsmann – deshalb ließ er sich die Streichhölzer sogleich patentieren. Für

Marketing hatte Jones ebenfalls ein gutes Gespür: Für sein Produkt fand er den treffenden Namen »Lucifers«.

Immerhin wollte John Walkers Heimatstadt Stockton-on-Tees ihn posthum ehren. Deshalb ließ der damalige Bürgermeister im Jahr 1977 eine Büste mit Walkers Konterfei anfertigen, die feierlich auf eine Säule gestellt wurde, um dem berühmten Erfinder zu huldigen. So war es zumindest geplant.

Erst kürzlich musste die Stadtverwaltung einräumen, dass ihnen ein peinlicher Fehler unterlaufen war: Der Mann auf der Büste war nicht der Erfinder, sondern ein Schauspieler gleichen Namens. Historiker hatten vor der Anfertigung ein falsches Foto eingereicht.

32

Der Rollkoffer

Eigentlich wollte Bernard Sadow nur nach Hause. In den Siebzigerjahren arbeitete der Amerikaner beim Unternehmen US Luggage, das vor allem Koffer und Mäntel herstellte. Zusammen mit seiner Familie kehrte er gerade von einem Urlaub auf Aruba zurück und mühte sich damit ab, die Koffer durch den Flughafen zu schleppen.

Da fiel sein Blick auf einen Flughafenarbeiter, der eine schwere Maschine mühelos auf einem Rollbrett durch die Gänge zog. In diesem Moment hatte Sadow eine Idee. »Genau das braucht man auch für Gepäck!«, sagte er zu seiner Frau.

Zurück im Büro machte er sich sogleich an die Arbeit. Er nahm ein paar kleine Rollen und montierte sie auf einen großen Reisekoffer. Dann befestigte er einen Riemen auf der Vorderseite – fertig war der erste Rollkoffer der Welt. 1972 erhielt er das entsprechende Patent.

Monatelang versuchte er vergeblich, seine Erfindung in Geschäften anzupreisen. Auch deshalb, weil die Konstruktion des Riemens sich im Alltag als unpraktisch erwies. Erst 1987 entwickelte der Pilot Robert Plath jenes Modell, das heute überall verbreitet ist: Räder am Boden, dazu ein ausziehbarer Griff.

Sadow glaubte im Nachhinein, dass der ausbleibende Erfolg vor allem an der Machoattitüde der Männer gelegen habe, die den Rollkoffer ablehnten, um nicht als Schwächlinge zu gelten. Trotzdem blickte er nie verbittert zurück: »Das war eine der besten Ideen, die ich jemals hatte«, sagte er der *New York Times*.

33

Eis am Stiel

Es war kalt, damals im Jahr 1905 in San Francisco – aber nicht zu kalt, um ein kühles Getränk zu genießen.

Deshalb machte sich Frank Epperson eine Limonade. Er füllte Brausepulver in ein Glas, gab Wasser hinzu und rührte die Flüssigkeit mit einem Stäbchen um.

Niemand weiß, was genau Epperson nun

dazwischen kam. Doch der Legende nach stellte er das Glas draußen auf die Fensterbank und vergaß es dort.

Am nächsten Morgen erinnerte er sich an das leckere Gebräu, das er eigentlich am Vortag hatte trinken wollen. Er öffnete das Küchenfenster und war enttäuscht: Die Limonade war gefroren und klebte an dem Stäbchen fest.

Als Epperson sich das Glas näher ansah, bemerkte er, dass sich der Klumpen bei Zimmertemperatur langsam vom Stäbchen löste und auch gefroren überraschenderweise ausgesprochen lecker schmeckte.

Der Amerikaner hätte die Idee nun sofort ausschlachten können. Doch die Menschen mussten noch Jahrzehnte warten, bis sie das erste Eis am Stiel genießen konnten – denn Epperson war damals gerade mal elf Jahre alt.

So lautet zumindest die offizielle Entstehungsgeschichte von Eis am Stiel. Meteorologen weisen zwar gerne darauf hin, dass die Nächte von San Francisco damals gar nicht kalt genug waren, um die Flüssigkeit gefrieren zu lassen. Dennoch besteht kein Zweifel daran, dass Epperson tatsächlich der offizielle Erfinder von Eis am Stiel ist.

Zunächst verkaufte er es nur im Freundeskreis, dann in einem Freizeitpark. Erst 1924 erhielt er das offizielle Patent. In Anlehnung an seinen Namen und das englische Wort für Eiszapfen (*icicle*) nannte er seine Erfindung »Eppsicle«. Doch weil seine Kinder immer nach *Pop's sicles* (»Papas Eis«) verlangten, änderte er den Namen.

Reich machte ihn seine Erfindung jedoch nicht, im Gegenteil. Weil er knapp bei Kasse war, verkaufte er die Rechte noch in den Zwanzigerjahren an ein anderes Unternehmen weiter. Der zufällig entdeckte Frost war geschäftlich also ein Frust für Epperson. Für Kinder in aller Welt aber ist er nach wie vor ein unfehlbares Mittel für gute Laune.

34

Der Airbag

An einem schönen Sonntag im Jahr 1952 machte John Hetrick einen Ausflug mit seiner Frau und seiner siebenjährigen Tochter. Der Amerikaner lenkte den Wagen, einen Chrysler Windsor, Baujahr 1948, in dem die Mitfahrer nebeneinander auf einer Bank saßen.

Die Familie schaute aus dem Fenster und hielt nach Rehen Ausschau. Als sie über einen

Hügel fuhren, passierte es plötzlich. Auf der Fahrbahn lag ein großer Felsbrocken, Hetrick musste das Lenkrad herumreißen und fuhr direkt in einen Graben.

Geistesgegenwärtig hatten er und seine Frau ihre Arme schützend vor die kleine Tochter geworfen, damit sie nicht auf dem Armaturenbrett landete. Zum Glück passierte der Familie nichts Schlimmes, alle kamen mit ein paar kleinen Schrammen und einem großen Schrecken davon.

Doch das Erlebnis ließ Hetrick nicht mehr los. »Während der Fahrt nach Hause dachte ich die ganze Zeit an den Unfall«, sagte er Jahrzehnte später, »und ich fragte mich: Warum gab es nichts, das verhinderte, dass man im Inneren des Autos hin- und hergeschleudert wurde?«

Wieder zu Hause machte er sich sofort an die Arbeit. Dabei erinnerte er sich an einen Vorfall, der sich während seiner Zeit als Ingenieur bei der Marine ereignet hatte. Damals hatte er einmal einen defekten Torpedo reparieren wollen, doch plötzlich war daraus Druckluft entwichen, woraufhin er an die Decke sauste.

Von diesem Erlebnis ließ Hetrick sich inspirieren. Seine Erfindung basierte auf einer relativ simplen Idee: Bei einem Unfall sollte Gas aus einem Druckspeicher ausströmen und Luftsäcke füllen, die zuvor im Lenkrad, im Handschuhfach oder im Armaturenbrett verbaut worden waren.

Allerdings hatte Hetrick kein Geld, um die Umsetzung seiner Idee weiter voranzutreiben. Daher schrieb er die großen Autokonzerne an, doch niemand schien interessiert. Das lag vor allem daran, dass die Technik noch nicht ausgereift genug war. Es dauerte schlicht zu lange, bis sich die Luftsäcke nach einem Aufprall füllten.

Unbestritten ist, dass Hetrick den gedanklichen Impuls für einen der größten Meilensteine der Automobilindustrie gab, der Zigtausenden Menschen das Leben rettete. Denn nur wenige Jahre später tüftelten alle Hersteller an entsprechenden Airbag-Systemen.

Und so teilte Hetrick das Schicksal vieler Erfinder: Reich machte ihn seine Idee nie. Erst Jahrzehnte später baute Ford den Airbag erstmals in seine Autos ein – da war Hetricks Patent bereits abgelaufen.

35

Handhygiene

1846 wurde Ignaz Semmelweis Assistenzarzt an einem Wiener Krankenhaus. Damals grassierte in ganz Europa das Wochenbettfieber, eine Infektionskrankheit, an der im 19. Jahrhundert mehr als eine Million Frauen starben.

Semmelweis arbeitete in der Geburtsabteilung des Krankenhauses. Kurz nach seinem Dienstantritt fiel ihm auf, dass auf seiner Station deutlich mehr Frauen am Kindbettfieber verstarben als in der Station nebenan. Woran konnte das liegen?

Eines Tages fand Semmelweis den Grund dafür heraus: Auf seiner Station arbeiteten sowohl Ärzte als auch Medizinstudenten. Auf der Station nebenan wurden nur Hebammenschülerinnen ausgebildet.

Das bedeutete, dass die Belegschaft seiner Abteilung sowohl Kontakt mit den verstorbenen Frauen als auch mit den werdenden Müttern hatte – ohne sich zwischendurch die Hände zu desinfizieren oder zumindest gründlich zu waschen. Das war damals nämlich noch nicht üblich.

Die Hebammenschülerinnen hingegen kamen mit den Toten gar nicht erst in Berührung und trugen daher keine tödlichen Erreger weiter.

Sofort fing Semmelweis an, nach jeder Autopsie seine Hände sowie alle Instrumente mit einer Mischung aus Chlor und Zitronensäure zu reinigen und wies seine Kollegen an, es ihm gleichzutun. Das Ergebnis sprach für sich: Die Sterblichkeitsrate auf der Station sank rapide.

Ob ihm die anderen Ärzte dankbar waren? Im

Gegenteil. Viele kritisierten ihn, weil sie seine Annahmen für Unfug hielten. Sein Vertrag im Krankenhaus wurde nicht verlängert, Semmelweis kehrte daraufhin in seine ungarische Heimat Pest zurück (ja, so hieß die Stadt damals wirklich, bevor sie 1873 mit Buda vereint wurde). Er bekam eine Stelle am Krankenhaus und auch dort senkte er die Sterblichkeitsrate nach Einführung der Desinfektionspflicht.

Erst nach seinem Tod wurde seine Rolle als Entdecker der Hygiene im Krankenhaus gewürdigt – seitdem nennt man Semmelweis auch den »Retter der Mütter«.

36

Die bitterste Substanz der Welt

Im Jahr 1958 tüftelten Mitarbeiter des schottischen Chemieunternehmens Macfarlan Smith an einem Betäubungsmittel für Zahnärzte. Dabei entdeckten sie einen Stoff namens Denatoniumbenzoat und bemerkten bald: Der hat es in sich.

Sobald Menschen davon auch nur ein winziges Tröpfchen auf der Zunge schmecken, wollen sie es sofort wieder ausspucken, weil die Substanz so bitter ist. So reicht es schon, einen Fingerhut des Pulvers in ein 50 Meter langes Schwimmbecken zu geben, um das Wasser völlig ungenießbar zu machen.

Das Verblüffende ist jedoch, dass der Stoff für Menschen völlig harmlos ist. Man wird davon weder krank, noch bekommt man Magenprobleme. Es bleibt einfach nur ein widerlicher Geschmack auf der Zunge zurück.

Die schottischen Chemiker erkannten damals sofort das kommerzielle Potenzial der Substanz. Doch weil ihnen der Name zu sperrig erschien, tauften sie ihn »Bitrex«.

Auch heute noch stellt Macfarlan Smith den Stoff her, der inzwischen vor allem als chemische Kindersicherung gute Dienste leistet. Bitrex macht spezielle Verschlüsse überflüssig, denn wenn Flüssigkeiten und Chemikalien mit Bitrex versetzt sind, bekommt ein Kind keinen Tropfen davon hinunter.

Dass sich der Stoff überhaupt international durchsetzte, verdankt das schottische Unternehmen einer Amerikanerin. Lynn Tylczak saß im Jahr 1989 vor dem Fernseher und sah gerade einen Bericht darüber, dass britische Unternehmen ihre Produkte mit Bitrex versetzten. Da fragte sich die zweifache Mutter: Warum machen US-Unternehmen es nicht genauso?

Also ging sie in die örtliche Bibliothek, um sich über Haushaltsprodukte und Bitterstoffe zu informieren. Die Ergebnisse schickte sie an Dutzende von Herstellern und Behörden – alles vergeblich. Als Antwort erhielt sie nur freundliche Standardabsagen.

Da änderte Tylczak ihre Strategie. Zusammen mit einigen Gleichgesinnten startete sie in ihrem Haus einen kleinen Versandhandel. Das erregte die Aufmerksamkeit der Medien, die über die Initiative berichteten. Einige Wochen später reagierten die ersten Verbraucherschutzorganisationen und forderten Konzerne auf, Bitrex zu verwenden.

Heute gibt es kaum noch ein Haushaltsprodukt, das ohne Bitrex auskommt. Der Stoff findet sich in Badreinigern, Spülmitteln, Tabs und Weichspülern, alles Produkte, die auf neugierige Kindernasen und -münder einen großen

Reiz ausüben – den sie aber dank Bitrex sofort wieder verlieren.

37

Der erste Zeitungszar

Bereits als Jugendlicher interessierte sich Benjamin Day für Journalismus – und das lag nicht zuletzt an seiner Heimatstadt. Denn in Springfield im US-Bundesstaat Massachusetts, wo er am 10. April 1810 zur Welt kam, gab es damals eine bekannte Lokalzeitung, den *Springfield Republican*. Day bewarb sich mit 14 Jahren um ein Praktikum und wurde prompt genommen. Eine Station, die seinen Lebensweg entscheidend prägen sollte.

1830 zog er nach New York und arbeitete zunächst als Schriftsetzer. Einige Jahre später machte er sich mit einer eigenen Druckerei selbstständig, aber so richtig gut lief es nicht.

Und was macht ein journalismusbegeisterter Besitzer einer Druckerei, der zu wenig zu tun und zu viel Zeit hat? Genau: Er gründet eine Zeitung.

Dabei ist zu bemerken, dass in New York damals vor allem eine Zeitung dominierte, der *New York Courier and Enquirer*. Er kostete pro Ausgabe sechs Cent. Der Preis war bewusst gewählt, denn diese Summe konnte sich nur die Oberschicht leisten. Wer sonst sollte sich auch für die Nachrichten des Tages interessieren?

Den entscheidenden Impuls für sein Projekt erhielt Day per Zufall von einem alten Arbeitskollegen. Der sagte ihm eines Tages, dass eine Zeitung maximal einen Cent kosten dürfe, dann würde sie so viele Leser anziehen, dass der Erfolg gewissermaßen garantiert sei. Day nahm sich vor, auf den Kollegen zu hören, und gründete die erste *penny newspaper* der Welt.

Sein Plan war kühn, aber kalkuliert: Er wollte den Verkaufspreis seiner Zeitung gegenüber der Konkurrenz radikal senken und die Zahl der Leser gleichzeitig steigern, indem er auf Anzeigen setzte. Am 3. September 1833 erschien die erste Ausgabe der *New York Sun*.

Der einzige Redakteur war zunächst Day selbst. Zu Beginn schlachtete er einfach die Zeitungen des Vortages aus und fasste deren Meldungen zusammen. Weil ihn die etablierten Verkaufsstellen (aus Angst vor der Konkurrenz) boykottierten, verkaufte er die Exemplare an Zeitungsjungen und -mädchen, die sie auf der Straße vertrieben.

Vermeintlich ernste Themen wie Politik und Wirtschaft waren Day egal, das überließ er den anderen Zeitungen. Stattdessen fokussierte er sich auf reißerische Themen wie Sex, Verbrechen und Gewalt, alles war erlaubt, solange es sich gut verkaufte. Lieber mit einer gut erfundenen Geschichte unterhalten als mit der Wahrheit langweilen.

Und so schaffte es auch eine Artikelserie ins Blatt, die heute als erste globale Zeitungsente gilt. In mehreren Teilen widmete sich die *Sun* damals einer wahrlich unglaublichen Geschichte. Der britische Astronom John Herschel habe am Kap der Guten Hoffnung in Südafrika ein neues Teleskop gebaut. So weit, so wahr.

Doch in den weiteren Serienteilen berichtete die *Sun* weltexklusiv, Herschel habe dank des Teleskops auf der Mondoberfläche nicht nur grüne Krater und Berge erspäht, sondern auch zweibeinige Biber, Fledermausmenschen und einen Tempel. Von diesen Entdeckungen habe der Wissenschaftler im *Edinburgh Journal of Science* berichtet.

Man hätte leicht herausfinden können, dass die Geschichte womöglich erfunden war, denn dieses Journal gab es damals gar nicht mehr. Einige Wochen nach der Veröffentlichung musste die *Sun* die Lüge zwar eingestehen, doch da hatten bereits Zeitungen auf der ganzen Welt darüber berichtet.

Dem kommerziellen Erfolg der *Sun* schadete es nicht – im Gegenteil. 1837 war sie die weltweit meistverkaufte Zeitung, mit einer Auflage von etwa 30 000 Stück.

Natürlich kann man sich im Nachhinein darüber amüsieren. Aber Days Zufallskonzept war offensichtlich erfolgreich, und mit seinem neuen Geschäftsmodell trug er dazu bei, die Nachrichten zu demokratisieren. Nun kann sie sich jeder leisten – auch wenn die Wahrheit dabei gelegentlich zu kurz kommt.

38

Emojis

Für die einen sind sie die schönste Kommunikationsform, seit es Sprache gibt, für die anderen stehen sie für deren völlige Infantilisierung. Man liebt sie oder man hasst sie, aber derzeit kommt kaum noch eine elektronische Nachricht ohne Emojis aus.

Nach Angaben von *emojitracker.com* wurden seit dem Jahr 2013 weltweit mehr als acht Milliarden Emojis allein beim Kurznachrichtendienst Twitter verschickt. Und der Global Language Monitor machte das Herz-Emoji im Jahr 2014 als meistgenutzten Ausdruck aus, pro Tag wird es etwa eine Milliarde Mal verschickt.

Doch was kaum jemand weiß: Die Emojis haben wir einem japanischen Ökonom zu verdanken.

Im Jahr 1998 tüftelte der japanische Mobilfunkanbieter NTT Docomo an einem neuen Internetdienst namens i-Mode. Er sollte den Nutzern auch Wettervorhersagen und Nachrichten übermitteln. Das Unternehmen hatte vor, sich vor allem an Jugendliche zu wenden und dachte nun darüber nach, wie es dieser Zielgruppe den neuen Dienst schmackhaft machen könnte.

Shigetaka Kurita war Teil des verantwortlichen Teams bei NTT Docomo. Und nach einigen Kreativmeetings kursierte eine kuriose Idee: Wie wäre es, »Bilderbuchstaben« einzuführen?

So lautet die Übersetzung des japanischen Wortes Emoji (e = Bild, *moji* = Schriftzeichen). Denn Kurita glaubte, dass sich Jugendliche davon bestimmt eher begeistern lassen würden als von normaler Schrift. Daher schlug er Herstellern wie Sharp, Panasonic oder Fujitsu vor, dass ihre Designer sich des Problems annehmen sollten, aber die waren wenig begeistert.

Kurita ließ sich nicht entmutigen und blieb von der Idee überzeugt. Also nahm er eines Tages einen Stift und ein Blatt Papier, versammelte sein Team um sich – und fing an zu malen. Schließlich hatte er einen Satz von 176 Emojis gezeichnet. Dabei ließ er sich von allem Möglichen inspirieren: von Manga-Comics ebenso wie von Straßenschildern und chinesischen Schriftzeichen. Hauptsache, die Symbole transportierten Gefühle und Gedanken, die für jeden verständlich waren, ohne zu polarisieren.

Zu einem weltweiten Phänomen wurden die Emojis allerdings erst ein Jahrzehnt später. Im Jahr 2011 nahm Apple sie ins iPhone auf, seit 2013 verfügen auch Android-Smartphones über eine Emoji-Tastatur.

Erst kürzlich gab das New Yorker Museum of Modern Art (MoMA) bekannt, dass es Kuritas erste Emojis in seine renommierte Sammlung aufnimmt. Darin hat sich der Erfinder nun verewigt. Zu den Symbolen gehören unter anderem Sushi, frittierte Garnelen und der japanische Hochgeschwindigkeitszug Shinkansen.

Eine Frage stellt sich noch: Wie fühlt es sich an, eine weltweit genutzte Kommunikationsform erfunden zu haben? »Ich bin glücklich«, sagte Kurita einmal, »aber um ehrlich zu sein, denke ich gar nicht allzu viel darüber nach. Dafür ist es einfach zu groß.«

39

Die Singlebörse

Die digitale Kontaktsuche boomt. Die einen tummeln sich auf online-Partnerbörsen, andere nutzen lieber Dating-Apps. All diese Plattformen verlassen sich bei der Suche nach dem Traumpartner auf Algorithmen. Das Versprechen dahinter ist ebenso praktikabel wie mysteriös: Der Nutzer muss lediglich einige Angaben zu sich und seiner Person machen – und im

Handumdrehen findet das System angeblich den perfekten Partner.

Was aber kaum jemand weiß: Die Idee dahinter ist bereits mehr als 50 Jahre alt. Die erste Singlebörse der Welt entstand schon 1964 in New York.

Eines schönen Tages spazierte der Buchhalter Lewis Altfest über das Gelände der Weltausstellung und stieß dabei zufällig auf den Pavillon des Schreibwarenherstellers Parker Pen. Darin stand ein Computer, der den Besuchern versprach, Brieffreunde auf der ganzen Welt für sie zu finden. Sie mussten nur einige Angaben zu sich und ihren Hobbys machen, und – schwupps – spuckte der Rechner auch schon einen passenden Brieffreund aus, inklusive Namen und Adresse.

Altfest fand das ziemlich beeindruckend. Als er wieder zu Hause war, rief er seinen Freund Robert Ross an. Der arbeitete damals als Programmierer bei IBM. Gemeinsam grübelten sie nach: Wäre es nicht möglich, das System auch zur Partnersuche für gestresste Großstädter zu nutzen?

Ein Jahr später war ihr erster Prototyp fertig, den sie »Tact« tauften – ein Akronym für *Technical Automated Compatibility Testing*.

Und der funktionierte folgendermaßen: Die Nutzer zahlten fünf Dollar und beantworteten 100 Multiple-Choice-Fragen, die Auskunft über ihre Persönlichkeit geben sollten. Darunter: Wessen Fähigkeiten hätten Sie gern: die von Albert Schweitzer, Albert Einstein oder Pablo Picasso?

Männer sollten angeben, ob sie bei Frauen eher streng zurückgekämmte Haare schätzten oder einen Bob. Frauen sollten offenbaren, ob ihr Traumprinz ein Holzfäller, Maler oder Monteur sein sollte. »Tact« übertrug die Antworten auf eine Lochkarte und verfütterte sie an einen IBM-Computer, der dann anhand entsprechender Übereinstimmungen fünf Partnervorschläge ausspuckte – für Frauen auf blauen, für Männer auf rosa Karten.

Zunächst beschränkten Altfest und Ross die Suche auf die Upper East Side im Nordosten Manhattans. Innerhalb eines Jahres hatten sie 5000 Abonnenten. Daraufhin beschlossen sie, allen einsamen New Yorkern zum Liebesglück zu verhelfen. Sie luden die Teilnehmer zu gemeinsamen Partys ein, und Medien wie die *New York Herald Tribune* und *Cosmopolitan* berichteten über die kuriose Kuppelmaschine.

Doch nach einigen Jahren verlor das Duo das Interesse an seiner Erfindung, beide suchten sich andere Jobs. Sie konnten ja nicht ahnen, dass das Dating per Computer mehr als nur eine kurzlebige Modeerscheinung sein würde.

Ein Happy End hat die Geschichte aber trotzdem. Die Radioreporterin Patricia Lahrmer beschloss eines Tages, einen Artikel darüber zu schreiben, wie sich Paare in New York kennenlernen. Sie hatte eigentlich vor, Altfest zu befragen, doch weil der an diesem Tag nicht im Büro war, sprach sie mit Ross.

Irgendwann waren die Batterien des Aufnahmegerätes leer. Also verabredeten sich die beiden, um das Interview ein anderes Mal zu beenden. Zwei Jahre später heirateten sie.

40

Die erste globale Nachrichtenagentur

Die Taube hat ein Imageproblem: Kinder jagen sie am liebsten fort, Erwachsene beschimpfen sie oft als Ratte der Lüfte. Dabei wird gerne vergessen, dass sie nicht nur den Frieden symbolisiert, sondern einst auch das Nachrichtenwesen revolutionierte.

Israel Beer Josaphat kam 1816 in Kassel zur

Welt. Nach dem Tod seines Vaters zog er im Alter von dreizehn Jahren zu einem Onkel, der eine Geldwechselstube betrieb, damals ein einträgliches Geschäft. Nach einer Lehre zum Bankkaufmann konvertierte er zum Christentum und hieß von da an Paul Julius Reuter.

Er versuchte sich zunächst erfolglos als Buchverleger, dann arbeitete er als Übersetzer bei der Nachrichtenagentur Havas in Paris. Dort machte er Bekanntschaft mit einem Tierchen, das seinen Lebensweg entscheidend prägen sollte.

Jeden Nachmittag landeten in der Agentur Dutzende von Brieftauben und brachten die Morgenpreise der Londoner Börse mit. Da hatte Reuter, der schon lange davon träumte, sich selbstständig zu machen, eine Idee. Seit seiner Zeit bei Havas war er sich sicher: Eine Information ist umso wertvoller, je schneller sie den Empfänger erreicht.

Das Problem war bloß: Es dauerte viel zu lange, wichtige Nachrichten von Berlin nach Paris zu schicken. Die französische Telegrafenstrecke ging nur bis Brüssel, die preußische endete in Aachen. Diese knapp 150 Kilometer überbrückte ein Postzug, der allerdings ziemlich gemächlich durch die Lande tuckerte.

Wäre es nicht lohnenswert, die Übermittlung auf dieser Strecke zu beschleunigen? Als Reuter über eine Lösung sinnierte, erinnerte er sich an die »Datenträger« von Havas.

Durch Zufall erfuhr er, dass es in Aachen einen Taubenzüchter namens Heinrich Geller gab, der über 200 Tiere besaß. Im April 1850 schloss Reuter mit ihm einen Vertrag. Von nun an flogen 45 Tauben von Brüssel nach Aachen, an ihren Krallen die aktuellen Börsendaten und Nachrichten. Etwa drei Stunden brauchten sie für die Strecke – das war dreimal schneller als der bislang übliche Transport auf dem Landweg.

Reuters' »Institut zur Beförderung telegraphischer Depeschen« legte den Grundstein für seine weltweit agierende Nachrichtenagentur, die er wenig später »Reuters« taufte.

1899 starb der Medienmogul in Nizza. Allerdings nicht ohne der Welt eine Devise zu hinterlassen, die heute noch gilt, vielleicht sogar mehr denn je: *Be first, but first be right.*

41

Die Fernsehröhre

Die Geschichte des Fernsehens begann auf einem Kartoffelacker in Idaho. Im Alter von 14 Jahren half der Bauernsohn Philo Farnsworth seinem Vater dabei, die Felder zu pflügen – und dabei hatte er eine Erleuchtung.

Farnsworth war kein gewöhnlicher Junge. Zur Welt kam er am 19. August 1906. Bereits im Alter von drei Jahren konnte er das Innenleben von Lokomotiven präzise nachzeichnen. Mit sechs verkündete er, eines Tages in die Fußstapfen von Thomas Edison und Alexander Graham Bell treten zu wollen.

Seine Herkunft vergrößerte seine Neugier nur noch mehr. Farnsworths Eltern waren mormonische Siedler, die ihren Lebensunterhalt als Bauern verdienten. Gab das Land nichts mehr her, zogen sie weiter. Schließlich ließen sie sich auf einer kleinen Ranch in Idaho nieder, und als der junge Farnsworth eines Tages auf dem Dachboden des Hauses herumstöberte, entdeckte er einen wahren Schatz: Dort lagen Stapel von alten Wissenschaftsmagazinen, in die er sich sofort vertiefte.

Auf der Ranch verfügte die Familie zum ersten Mal im Leben über Elektrizität. Und schon lange hatte Farnsworth darüber nachgedacht, ob es wohl möglich wäre, Bilder gewissermaßen durch die Luft zu transportieren, so wie Töne über das Radio. Und wenn ja, wie könnte das funktionieren?

Nun blickte er auf die Furchen im Boden, die seine Egge hinterlassen hatte. Ihm kam ein

Gedanke: Man müsste ein Bild in viele kleine Bildpunkte unterteilen, Zeile für Zeile. Deren Helligkeit müsste man dann nur noch elektronisch übermitteln und am anderen Ende wieder in dasselbe Bild umwandeln.

Genau nach diesem Prinzip funktioniert das Fernsehen.

Farnsworth konnte in diesem Moment nicht wissen, dass sein Einfall die Welt verändern würde – und noch viel weniger konnte er ahnen, auf was für einen Kampf er sich einlassen müsste. Einen Kampf, der ihn letztlich ruinieren sollte.

Kurz nach seiner Eingebung auf dem Acker zeichnete er einem Lehrer ein grobes Modell seiner Idee auf eine Tafel. Der war beeindruckt und bekräftigte ihn darin, weiterzutüfteln. Genau das tat Farnsworth in den folgenden Jahrzehnten, und zwar beinahe Tag und Nacht. Im September 1927 hatte er das erste Modell fertig: eine Kamera, die ein aufgenommenes Bild auf einen Bildschirm transportierte.

Farnsworth unterschätzte allerdings völlig, dass damals bereits Heerscharen von Wissenschaftlern mit der Erfindung des Fernsehens beschäftigt waren, allen voran David Sarnoff, Chef der Radio Corporation of America (RCA), und sein Chefentwickler Vladimir Zworykin. Zwar hinkten die beiden technologisch gesehen Farnsworth immer einen Schritt hinterher, doch sie hatten weitaus mehr Geld zur Verfügung.

Farnsworth bekam sogar ein Jobangebot von Sarnoff – und er hätte es besser angenommen. Denn der Medienmogul war bekannt dafür, seine Mitarbeiter fair zu behandeln, solange sie gute Arbeit leisteten. Wer sich aber gegen ihn stellte, konnte keine Gnade erwarten. Farnsworth entschied sich dafür, allein weiterzumachen. Er war ein genialer Erfinder, aber leider ein miserabler Geschäftsmann. Sein Labor wurde bei einem Feuer zerstört, und er hatte keine Versicherung abgeschlossen. Jahrelange Patentstreitigkeiten mit Sarnoff kosteten ihn viel Zeit, Geld und Nerven. Dennoch sah er einfach nicht ein, dass er als Einzelkämpfer keine Chance hatte, die teure Entwicklung des Fernsehens zu bezahlen – anders als Sarnoff, der bei der Weltausstellung 1939 in New York das erste Fernsehen präsentierte.

Das verkraftete Farnsworth nicht. Er erhielt

zwar von RCA eine Abfindung für seine Patente, wurde jedoch abhängig von Schmerzmitteln, begab sich in psychiatrische Behandlung, und schließlich ging seine Fernsehfirma pleite. Danach widmete er sich anderen Projekten, die sich allesamt als Flops erwiesen. 1971 verstarb er im Alter von 64 Jahren, depressiv und alkoholabhängig.

Eine große Ehre wurde ihm erst posthum zuteil: 1984 wurde er in die National Inventors Hall of Fame aufgenommen. »Wir dürfen niemals vergessen, dass selbst wichtige Erfindungen von einzelnen Personen stammen«, sagte Farnsworth einmal, »und fast ausnahmslos von Personen mit sehr begrenzten Mitteln.«

42

Der Fotokopierer

Jede Erfindung, und sei sie auch noch so bahnbrechend, beginnt meist mit zwei simplen Fragen: Warum ist das so – und ginge das nicht auch anders?

Chester Carlson ist dafür das beste Beispiel. Schon im Alter von zehn Jahren erfand er eine eigene Zeitung, die er im Freundeskreis verteilte. Als Schüler wollte er ein kleines Magazin herausbringen, gab aber frustriert auf, weil es so umständlich war, es in Druck geben zu lassen. »Damals fing ich an, über einfachere Kopiermethoden nachzudenken«, sagte Carlson später.

Nachdem er sein Physikstudium absolviert hatte, arbeitete er bei einer kleinen Elektronikfirma. Dort verbrachte er täglich Stunden damit, jedes wichtige Dokument mühsam abzuschreiben, wenn er eine Kopie brauchte. Am Wochenende las er juristische Literatur in der örtlichen Bibliothek und musste ständig Textpassagen von Hand kopieren, weil er sich die teuren Fachbücher nicht leisten konnte.

Warum war das so – und ging das nicht auch anders? Könnte man die Seiten nicht irgendwie duplizieren?

Also machte er sich zu Hause in seiner Küche an einige Experimente, allerdings sehr zum Leidwesen seiner Nachbarn. Denn Carlson nutzte dabei reichlich Schwefel, der im Treppenhaus einen durchdringenden Gestank von faulen Eiern verbreitete.

Der Hobbytüftler machte sich bei seinen Versuchen das Phänomen der Fotoleitfähigkeit zunutze. Vereinfacht gesagt: Manche Materialien verändern ihre elektrischen Eigenschaften, wenn sie auf Licht treffen – so zum Beispiel Schwefel.

Am 22. Oktober 1938 war es endlich so weit. Zunächst beschichtete Carlson eine Metallplatte mit Schwefel. Dann rieb er ein Baumwolltuch darüber, damit sie sich elektrisch auflud. Darauf legte er eine Glasplatte, die er zuvor mit schwarzer Tinte beschrieben hatte. Nun schaltete er alle Lichter im Raum aus und bestrahlte die Platte mit grellem Licht.

Und siehe da: Als er die Glasplatte wegnahm, war die elektrische Ladung an den beleuchteten Stellen verschwunden – die Partikel hafteten lediglich dort, wo zuvor die schwarze Schrift gewesen war. Carlson drückte ein Blatt Wachspapier auf die Platte und kopierte darauf das Abbild des Schriftzugs.

Seine Erfindung ereilte allerdings zunächst dasselbe Schicksal wie so viele andere: Es fand sich kein Unternehmen, das die Maschine bis zur Marktreife entwickeln wollte.

Sieben lange Jahre verbrachte Carlson damit, ein Unternehmen zu suchen, das sich für seine

Erfindung interessierte. Aber mehr als zwei Dutzend Großkonzerne lehnten ab – darunter IBM und General Electric.

Erst 1947 erklärte sich die Firma Haloid, ein kleiner Hersteller von fotografischen Materialien einverstanden, Carlsons Kopierer in Serie zu bauen.

Der Erfinder kassierte Lizenzgebühren und wurde ein reicher Mann. Haloid änderte später den Firmennamen – und heißt noch heute Xerox.

43

Weihnachtsbaumkerzen

Um eine echte Innovation in die Welt zu setzen, braucht man vor allem zwei Eigenschaften: Das Gespür für eine wirklich gute Idee – und das Talent, diese Idee entsprechend zu vermarkten.

Edward Hibberd Johnson hatte beides. Wie gut der Instinkt des amerikanischen Geschäftsmanns war, bewies er im Jahr 1871. Damals leitete er die Geschäfte der Automatic Telegraph Company, und eines Tages stellte er einen etwas seltsamen jungen Mann ein. Später schrieb er, dieser esse meist an seinem Arbeitsplatz und schlafe in einem Stuhl. Bei diesem merkwürdigen Menschen handelte sich um niemand anderen als Thomas Edison, einen der berühmtesten Erfinder aller Zeiten.

Edison gelang es 1880, die Glühlampe in den USA patentieren zu lassen, obwohl bis heute umstritten ist, ob er wirklich der Erfinder war.

Es stellte sich heraus, dass Johnson und Edison gut miteinander auskamen. So gut, dass Johnson später als Manager in Edisons eigener Firma anheuerte, der Edison Electric Light Company. Und 1882 hatte Johnson eine Idee: Damals war es üblich, Weihnachtsbäume mit echten Kerzen zu schmücken. Nostalgiker machen das ja noch heute – jedenfalls so lange, bis zum ersten Mal Gardinen oder Möbelstücke Feuer fangen oder kleine Kinder im Haus sind.

Johnson war das aber damals schon zu gefährlich. Trotzdem wollte er seinen Kindern etwas bieten, und dazu nutzte er Edisons Glühlampen.

Ein paar Tage vor Weihnachten wickelte er 80 Glühbirnchen um den Weihnachtsbaum in

seinem Haus und schloss sie ans Stromnetz an. Dann rief er einen Reporter an – und der war völlig hin und weg: »Man kann sich kaum einen schöneren Anblick vorstellen«, schrieb wenige Tage später die *Detroit Post and Tribune*.

Zwei Jahre später übertraf Johnson sich noch mal selbst. Dieses Mal waren es 180 Glühbirnen für seinen immerhin 1,80 Meter hohen Weihnachtsbaum, an dessen Fußende er außerdem einen kleinen Motor befestigte, sodass der Baum sich langsam um die eigene Achse drehte. Über diesen Baum – und Johnsons Erfindung – wurde sogar in der *New York Times* berichtet.

Am 27. Dezember 1884 schrieb die Zeitung über einen Besuch in Johnsons Haus: »Ein prächtiger Weihnachtsbaum: Wie ein Elektriker seine Kinder begeisterte.« Dieser habe seinen beleuchteten Baum am Vorabend auch einigen Freunden gezeigt: »Kein Kind hat jemals so einen strahlenden und bunten Baum gesehen.«

In den darauffolgenden Jahren wurden elektrische Weihnachtskerzen zu einem Statussymbol der Oberschicht, denn sie waren damals noch extrem teuer. Erst in den Dreißigerjahren des 20. Jahrhunderts wurden sie zu einem Massenprodukt.

Und das alles nur, weil Edward Hibberd Johnson seine Kinder beeindrucken wollte.

44

Die vergessene Klimaforscherin

Am 23. August 1856 versammelten sich die Mitglieder der American Association for the Advancement of Science (AAAS) zu ihrem Jahrestreffen. Dort taten die Forscher das, was Wissenschaftsgesellschaften besonders gerne tun: Sie verabschiedeten zahlreiche Resolutionen.

Die Forscher wollten sich zum Beispiel künftig dafür einsetzen, weitere Universitäten einzurichten, die Geologie im Bundesstaat Ohio zu untersuchen und 3000 Jahre alte Tannen in Kalifornien zu schützen.

So steht es noch heute auf der Internetseite der Gesellschaft. Doch ein gewisser Vortrag stieß bei der Gesellschaft auf taube Ohren – obwohl er im Nachhinein wesentlich größere Beachtung verdient hätte.

In einer Sitzung erfuhren die Mitglieder von den Arbeiten einer Frau namens Eunice Foote. Die Forscherin präsentierte ihre Erkenntnisse allerdings nicht selbst, sondern sie wurden von einem Mann vorgelesen. Da hätte man sich schon denken können, dass sie es als Frau in der Wissenschaftsgemeinde schwer haben würde.

Dabei hatte es der Inhalt des Vortrags in sich. Es ging darin um »Umstände, die die Hitze der Sonnenstrahlen beeinflussen«. Eunice Foote hatte dazu einige interessante Experimente durchgeführt.

Dafür hatte sie verschiedene Glasgefäße mit unterschiedlichen Substanzen gefüllt: eins mit Wasserdampf, eins mit Sauerstoff, ein drittes mit Kohlendioxid. Nun verglich sie, wie die drei Gefäße auf Sonnenlicht reagierten.

»Den größten Einfluss hatten die Sonnenstrahlen auf Kohlendioxid«, schrieb Foote, »jenes Gefäß erhitzte sich am meisten – und kühlte sich am langsamsten wieder ab.« Ihre Schlussfolgerung: »Bestünde die Atmosphäre aus diesem Gas, würde die Temperatur auf der Erde enorm steigen.«

Was Eunice Foote beschrieb, bezeichnen wir heute als Treibhauseffekt.

Allerdings war damals niemand gewillt, einer Frau derartige Erkenntnisse zuzutrauen. Vermutlich ist das ein Grund dafür, warum heute vor allem der Ire John Tyndall als Begründer der modernen Klimaforschung gilt, obwohl er seine Studien erst drei Jahre nach Footes Auftritt veröffentlichte. Eunice Foote hingegen geriet fast völlig in Vergessenheit.

Dazu trug die AAAS auch selbst bei. Es war üblich, nach den Treffen der Gesellschaft alle Beiträge in einer hauseigenen Zeitschrift zu veröffentlichen – doch Footes Vortrag fiel dabei unter den Tisch.

In der heutigen Forschung nennt man das, was die männlichen Kollegen mit Eunice Foote gemacht haben, übrigens *Silencing*. Im übertragenen Sinne bedeutet das: Über die Ideen von Frauen sprechen Männer lieber selbst.

Die Weihnachtskarte

Es gibt Traditionen, die einfach nicht totzukriegen sind, aller modernen Technik zum Trotz. Oder vielleicht gerade deswegen? Jahr für Jahr landen auf Schreibtischen und in Briefkästen Tausende von Weihnachtskarten, wahlweise bedruckt mit Weihnachtsbäumen, Nikoläusen oder mehr oder weniger gelungenen Familienfotos.

Und das, obwohl die meisten Menschen diese Tradition offenbar nicht ausstehen können: Im Jahr 2015 sagten fast 70 Prozent der Deutschen, dass die Karten für sie zu den nervigsten Pflichten der Weihnachtszeit gehören – unbeliebter war es nur noch, Weihnachtsvideos in sozialen Medien zu teilen.

Liegt es vielleicht daran, dass die Karten eine Art sozialen Druck ausüben, nach dem Motto: Wenn dieser Geschäftspartner oder jene Verwandte mir im vergangenen Jahr eine Karte geschickt hat, muss ich mich in diesem Jahr revanchieren? Wie soll ich das alles denn noch schaffen?

Was für eine hübsche Pointe: Denn Stress und Zeitnot waren überhaupt erst dafür verantwortlich, dass die Weihnachtskarte entstand.

Sir Henry Cole war ein vielbeschäftigter Mann. Er war nicht nur der Gründungsdirektor des heutigen Victoria and Albert Museum und Initiator der ersten Weltausstellung im Londoner Hyde Park. Zudem verfasste er unter dem Pseudonym Felix Summerly auch mehrere Bücher.

Verständlich, dass so jemand seine kostbare Zeit nicht damit vertrödeln konnte, schnöde

Weihnachtskarten zu entwerfen. Deshalb betrieb er im Jahr 1843 privates Outsourcing.

In der Vorweihnachtszeit bat er einen befreundeten Illustrator namens John Callcott Horsley, ihm eine Weihnachtskarte zu entwerfen, die er an Freunde verschicken wollte.

Immerhin nahm Cole sich die Zeit, eine Grußzeile zu formulieren: *A Merry Christmas and a Happy New Year to You*, sollte sie lauten. Als Motiv wählte Horsley eine Familie, die dem Betrachter zuprostet.

Als Cole die fertige Karte sah, war er begeistert – so sehr, dass er gleich 1000 Exemplare drucken ließ. Nicht etwa deshalb, weil er so viele Freunde hatte, sondern weil er ahnte, dass die Pappkarten echtes kommerzielles Potenzial hatten. Und so verkaufte er sie für umgerechnet jeweils etwa 14 Cent pro Stück.

Doch es dauerte nach Coles erster Karte noch etwa 20 Jahre, bis sich die Tradition in Großbritannien durchsetzte. Zuerst musste die Drucktechnik besser und die Post zuverlässiger werden. Selbst die beste Idee braucht eben immer das richtige Timing.

Im Jahr 2001 wurde übrigens eine von Coles Weihnachtskarten versteigert – für umgerechnet 26 000 Euro.

46

Die erste erfolgreiche Kosmetikunternehmerin

Vollwaise mit 8, verheiratet mit 14, verwitwet mit 20 – wer solche Schicksalsschläge übersteht, ist für alles im Leben gewappnet. Insofern ist es vielleicht kein Wunder, dass die Afroamerikanerin Sarah Breedlove zu einer der ersten erfolgreichen Unternehmerinnen der USA wurde. Und zwar, indem sie ein völlig neues Segment erschloss.

Ihre Eltern hatten noch als Sklaven auf einer Baumwollplantage in Louisiana geschuftet. Als sie im Jahr 1867 geboren wurde, war der amerikanische Bürgerkrieg gerade erst zwei Jahre vorbei – und mit ihm die Sklaverei.

Trotzdem gab es in den Südstaaten immer noch reichlich Rassismus. Deshalb machte Breedlove es wie viele aus der Gegend und zog 1888 Richtung Norden, allein mit ihrer dreijährigen Tochter. Etwa zehn Jahre lang arbeitete sie als Waschfrau in verschiedenen Pensionen.

Eines Morgens machte sie eine schreckliche Entdeckung: Ihr Haar begann auszufallen. Sie war eine gläubige Frau, also flehte sie Gott um Hilfe an. »Nachts erschien mir im Traum ein großer schwarzer Mann«, erzählte sie später gerne, »und er sagte mir, ich solle ein Heilmittel mischen, mit Zutaten aus Afrika. Die besorgte ich mir, rührte daraus eine Tinktur an und rieb meine Kopfhaut damit ein – und schon nach wenigen Wochen wuchs mein Haar schneller nach, als es ausgefallen war.«

Breedlove probierte das Wundermittel auch an ihrer Tochter und an einer Nachbarin aus –

beide waren begeistert. Da entschloss sie sich, ihr Mittelchen zum Verkauf anzubieten: »Es war eine Inspiration von Gott«, sagte sie, »ein Geschenk für all jene Frauen, die Wert auf schöne Haare und gesunde Kopfhaut legen.« Zu einer guten unternehmerischen Idee gehört eben auch eine fantasievolle Geschichte.

Die Realität war etwas profaner. Breedlove arbeitete nämlich um die Jahrhundertwende für eine andere Kosmetikunternehmerin. Doch eines Tages beschloss sie, sich auf eigene Füße zu stellen.

Denn bei ihren regelmäßigen Kirchgängen war ihr etwas aufgefallen. Die wohlhabenden Gemeindemitglieder, vor allem die Frauen, schienen mehr Sorgfalt auf die Pflege ihrer Haut und ihrer Haare zu verwenden – und das, vermutete Breedlove, müsste sich doch irgendwie zu Geld machen lassen.

1906, sie war inzwischen zum dritten Mal verheiratet und nannte sich Madam C. J. Walker, gründete sie im Alter von 39 ihre eigene Firma und vertrieb den *Walker's Wonderful Hair Grower* an den Haustüren. Später kamen noch eine Reihe anderer Cremes, Pasten und Shampoos dazu.

Ob ihre Produkte wie versprochen das Haar der Kundinnen wachsen ließen oder ihre Haut zum Strahlen brachten, war unwichtig. Die Kundinnen glaubten ihr, und allein das zählte.

Innerhalb weniger Jahre baute Walker ein kleines Kosmetikimperium mit etwa 40 000 Mitarbeitern auf und wurde zu einer der reichsten Amerikanerinnen. Leider konnte sie den Erfolg nicht lange genießen, schon 1919 starb sie plötzlich an Nierenversagen.

»Jeder warnte mich, dass meine Geschäftsidee ein Fehler sei. Aber ich weiß, wie Baumwolle wächst, und ich weiß, wie Haare wachsen«, sagte Walker einst. »Mein Rat an alle, die sich selbstständig machen wollen: Gebt alles. Immer wieder aufs Neue.«

47

Das Kreuzworträtsel

Der Erfolg einer Innovation hängt immer von mehr als einer Person ab. Manchmal lernen sich die richtigen Personen kennen – und manchmal begegnen sie sich niemals.

Arthur Wynne war zu Beginn des 20. Jahrhunderts Journalist bei der *New York World* und verantwortete die Unterhaltungsseite. Für die Ausgabe vom 21. Dezember 1913 hatte er sich etwas Besonderes ausgedacht. Als Kind hatte sein Großvater ihm ein Spiel beigebracht, das er »Wortkästchen« nannte. Alle Wörter in dem Kästchen mussten sowohl horizontal als auch vertikal lesbar sein. Wynne modifizierte das Spiel allerdings etwas – die senkrechten Wörter sollten nicht dieselben sein wie die waagerechten.

An jenem 21. Dezember veröffentlichte die *New York World* ein Word-Cross Puzzle, also wörtlich übersetzt ein »Wortkreuzrätsel«. Die Leser sollten in eine rautenförmige Struktur verschiedene Begriffe eintragen, die Wynne darunter kurz umschrieb, lediglich das Wort *fun* gab er vor.

Spaß hatten die Leser auf Anhieb, viele schrieben begeisterte Briefe. Einige Wochen später erhielt die Rubrik den Namen, unter dem sie noch heute bekannt ist. Durch einen Fehler der Schriftsetzer stand in der Überschrift *Cross-Word*. Experten fiel es schwer, den Hype um die Kreuzworträtsel zu deuten. Während die einen erklärten, die Rätsel seien ein ausgezeichnetes Mittel, um die Nerven zu beruhigen und gleichzeitig die Gehirnzellen zu trainieren, waren andere wesentlich skeptischer.

Ein Psychiater warnte, die Rätsel könnten »einen nervösen Geist leicht aus der Bahn werfen« und sogar zu Psychosen führen. Und die *New York Times* diskreditierte die Kreuzworträtsel damals als »primitive geistige Tätigkeit«.

Bis die Kreuzworträtsel so richtig beliebt wurden, verging also noch ein gutes Jahrzehnt. Das wiederum verdanken wir der Tante eines jungen Geschäftsmanns und dessen Instinkt.

Im Jahr 1924 besuchte Richard Simon, der dabei war, sich als Verleger zu etablieren, seine Tante Wixie, um mit ihr zu Abend zu essen. Die Dame war Abonnentin der *New York World* und begeisterte Anhängerin der Kreuzworträtsel. Also fragte sie ihn, ob es nicht irgendwo ein ganzes Buch mit Kreuzworträtseln zu kaufen gebe. Simon verneinte – aber die Frage brachte ihn auf eine Idee.

Gleich am nächsten Tag ging er mit seinem Studienfreund und Geschäftspartner Lincoln »Max« Schuster zur *New York World* und schloss einen Vertrag ab. Das Duo durfte sich fortan gegen eine kleine Gebühr die besten Kreuzworträtsel der Zeitung herauspicken und in

Buchform veröffentlichen. Wer sich ein Exemplar kaufte, bekam als Dankeschön einen Bleistift gratis dazu.

Allein vom ersten Buch verkauften sie innerhalb eines Jahres mehr als 300 000 Exemplare, es stand in den Bestsellerlisten noch vor der Autobiografie von Mark Twain. Der Grundstein des Verlags Simon & Schuster, der heute zu den größten der Welt zählt, war gelegt.

48

Der Sprachroboter

Amazon hat Alexa, Apple hat Siri, Microsoft hat Cortana – ein Technik-Konzern, der heute etwas auf sich hält, hat einen eigenen Sprachassistenten im Einsatz.

Ausgelöst wurde die Blüte der Bots durch den rasanten Fortschritt bei Spracherkennung und künstlicher Intelligenz, weiter beflügelt wurde sie durch mehr Rechenleistung und Informationen.

Dabei wird gerne vergessen, dass die erste Maschine, die sich in menschlicher Sprache versuchte, bereits 1938 entwickelt wurde.

Homer Dudley wollte eigentlich Lehrer werden. Doch als er in seinen ersten Berufsjahren feststellen musste, dass ihm die Schüler nicht zuhörten und permanent störten, gab er frustriert auf und beschloss, es mit einem Neustart zu versuchen.

An der Pennsylvania-State-Universität entdeckte er sein Interesse für Elektrotechnik, und gleich nach seinem Abschluss fand er eine Stelle. Im Nachhinein betrachtet hätte er es nicht besser treffen können. Denn Dudley fing damals als Forscher bei den Bell Laboratories an, auch Bell Labs genannt. Das legendäre Forschungslabor gehörte den beiden Elektrotechnik- und Telekommunikationsunternehmen Western Electric und AT&T.

Im Jahr 1928 begann Dudley seine Experimente mit elektromechanischen Geräten. Er hatte es sich zum Ziel gesetzt, ein Gerät zu erfinden, das die menschliche Sprache imitieren konnte. Das führte zunächst zur Entwicklung des »Vocoder«, ein Wortspiel aus *voice* und *encoder*. Die Maschine wandelte menschliche Laute mithilfe spezieller Filter in elektronische Signale um.

Doch Dudley war noch nicht zufrieden. Er wollte eine Maschine bauen, die gewissermaßen von sich aus sprechen konnte – und im Juni 1938 erhielten Dudley und Bell Labs das entsprechende Patent für ein »System zur künstlichen Herstellung stimmlicher oder sonstiger Klänge«. Dudley nannte seine Erfindung »Voder«, ein Kürzel für *Voice Operation Demonstrator*.

Die Präsentation bei der Weltausstellung 1939 in New York muss man sich ziemlich abenteuerlich vorstellen. An den Tasten saß eine Frau, die Dudley monatelang instruiert hatte. Der Apparat funktionierte so ähnlich wie eine Orgel, nur brachte er keine Töne hervor, sondern menschliche Laute.

Die Maschine konnte etwa 20 verschiedene elektrische Summ- und Zwitschertöne erzeugen. Dafür musste der menschliche Bediener lediglich eine von zehn Tasten, eine Platte und ein Pedal bedienen und koordinieren. Dann ertönten stimmhafte (»uuuuh«) und stimmlose (»sssss«) Töne. Wer genau hinhörte, konnte mit viel gutem Willen tatsächlich Wörter ausmachen.

Man kann sich schon vorstellen, dass ein solcher Apparat wenig massentauglich war, aber darum ging es Dudley und seinem Arbeitgeber auch gar nicht. Es war ihnen auch so gelungen, die Öffentlichkeit zu verblüffen, denn das Gerät schien direkt aus der Zukunft zu kommen. Erstmals ließ sich menschliche Sprache auf elektronischem Wege erzeugen.

Die Wissenschaftler wollten beweisen, was theoretisch alles möglich ist – und die praktischen Folgen erleben wir nun, knapp 80 Jahre später, im Gespräch mit unserem Telefon oder Computer.

49

Vaseline

Paraffine und Olefine klingen nicht zwingend danach, als würde man sie sich gerne auf die Haut reiben. Erdöl? Auch eher weniger.

Doch diese Stoffe sind Bestandteile einer Creme, die sich die Menschen seit mehr als 140 Jahren auf spröde Lippen und rissige Finger schmieren: Vaseline erfreut sich weltweiter Beliebtheit. Ihre Entstehung verdankt sie einem Zufall.

Jahrelang hatte der amerikanische Chemiker Robert Chesebrough eher erfolglos mit Kerosin gehandelt, nun wollte er sein Glück im Erdölgeschäft versuchen. Im Jahr 1859 kam er einmal an Bohrmaschinen im US-Bundesstaat Pennsylvania vorbei und entdeckte, dass sich auf ihnen ein sonderbarer Stoff abgesetzt hatte, durchsichtig, glibberig und geruchlos.

Als er die Arbeiter danach fragte, reagierten sie genervt. Ständig waren sie damit beschäftigt, das schmierige Zeug zu entfernen, damit es nicht die Rohre verstopfte.

Gut, einige wenige schienen von der Substanz angetan zu sein. Sie waren davon überzeugt, dass sie Brand- und Schürfwunden heilen konnte. Da wurde Chesebrough hellhörig.

Er brauchte über zehn Jahre, bis es ihm gelang, aus dem Erdöl-Abfallprodukt eine farb- und geruchlose fettige Paste herzustellen. Diese taufte er Vaseline, eine Wortschöpfung aus dem deutschen Wort »Wasser« und dem griechischen *élaion* (Öl).

Doch zunächst teilte die Erfindung das Schicksal vieler Innovationen: Niemand wollte das Zeug kaufen. Glücklicherweise war der kreative Erfinder Chesebrough auch ein cleverer Vermarkter.

Deshalb investierte er nicht nur Zeit und Geld, sondern nahm sogar körperliche Schäden in Kauf. Weil er die Kunden dazu bringen wollte, in Apotheken nach der Wundersalbe zu verlangen, fügte er sich selbst Verletzungen zu, führte die Anwendung der Salbe auf der Straße vor und verschenkte Pröbchen an Passanten.

Sein Plan ging auf: Zehn Jahre später war die Vaseline in fast jedem US-Haushalt zu finden und trat ihren weltweiten Siegeszug an.

Die meisten Erfinder sind enorm stolz auf ihre Schöpfungen, für Chesebrough galt das ganz besonders: Er wendete die Paste nicht nur äußerlich an, sondern genehmigte sich jeden Tag drei Teelöffelchen davon. Geschadet hat es ihm offenbar nicht: Chesebrough wurde 96 Jahre alt.

50

Der Klettverschluss

Im Jahr 1941 kehrte der Schweizer Ingenieur Georges de Mestral gerade von einem Spaziergang mit seinem Hund zurück, als er an seiner Hose ein kleines Knäuel entdeckte, das sich nur mit Mühe entfernen ließ. Im Fell seines Hundes hatte sich ebenfalls eines festgehakt.

De Mestral legte es unter ein Mikroskop und stellte fest, dass es sich um die Früchte der

Großen Klette handelte. Die Kugeln sehen aus wie winzige Igel, an ihrer Oberfläche befinden sich kleine Häkchen, die an Textilien oder Fellen anhaften.

Das brachte de Mestral auf eine Idee. Ließe sich dieses Prinzip nicht vielleicht dazu nutzen, Kleidungsstücke zu verschließen? Und ob: Nach Jahren der Tüftelei erhielt er das Patent für den weltweit ersten Klettverschluss.

Der Erfinder erkannte sofort das kommerzielle Potenzial und gründete das Unternehmen Velcro – eine Wortschöpfung aus den französischen Wörtern *velours* (Samt) und *crochet* (Haken).

Einige Jahre später verkaufte de Mestral alle Anteile und machte sich von dem Erlös ein schönes Leben. 1990 verstarb er in der Schweiz, das Unternehmen gibt es heute noch.

Nicht nur ein schönes Beispiel für die Macht des Zufalls, sondern auch für die Innovationskraft der Natur. Und wenn der Mensch nicht hinschaut, dann hängt sie sich so lange an ihn dran, bis ihm endlich ein Licht aufgeht.

51

Der Teebeutel

Die Blätter einer Pflanze in heißes Wasser zu werfen und den Aufguss zu trinken – auf die Idee muss man erstmal kommen.

Der Legende nach geht dieser Brauch auf den chinesischen Kaiser Shennong zurück, der vor etwa 5000 Jahren lebte. Um gesund zu bleiben, schlürfte er gerne gekochtes Wasser. Dabei sollen ihm eines Tages ein paar Blätter in die

Tasse geflattert sein. Da erschrak der Kaiser, allerdings nur kurz. Dann trank er einen Schluck und war begeistert.

Der weltweite Siegeszug von Tee begann also bereits mit einem kuriosen Zufall. Seinen kommerziellen Durchbruch verdankt das Getränk ebenfalls einem unvorhergesehenen Ereignis.

Anfang des 20. Jahrhunderts verdiente der Amerikaner Thomas Sullivan sein Geld damit, Tee zu importieren. Um weitere Kunden zu ködern, wollte der clevere Geschäftsmann Gratiskostproben seiner Ware verschicken. Allerdings nicht in großen, teuren Blechdosen, sondern in kleinen Seidenbeuteln.

Nun hatte Sullivan eigentlich nicht beabsichtigt, dass die Empfänger die Beutelchen direkt in heißes Wasser tunkten. Aber genau das taten sie – und weil ihnen das Ergebnis mundete, baten sie Sullivan um Nachschub.

Die Vorteile waren offensichtlich: Jetzt musste man nicht gleich eine ganze Kanne aufbrühen, wenn man lediglich Lust auf eine kleine Tasse Tee verspürte. Außerdem konnte man den benutzten Beutel unkompliziert wegwerfen und ersparte es sich, mühsam die losen Teeblätter aus der Kanne zu kratzen.

Sullivans raffinierte Marketingkampagne funktionierte so gut, dass der Importeur wenig später sein gesamtes Sortiment auf Teebeutel umstellte und damit ein völlig neues Marktsegment begründete. Seit den Zwanzigerjahren sind die Teebeutel aus unserem Alltag kaum mehr wegzudenken.

52

Eine kuriose Fett-weg-Methode

Wer ein paar Pfunde verlieren möchte, hat verschiedene Möglichkeiten. Er kann es auf die konservative Art versuchen und mehr Sport treiben, weniger Süßes naschen oder Salziges knabbern. Er kann seine Fettpolster aber auch mit Kälte bekämpfen.

Das Wegfrieren überflüssiger Pfunde nennen Experten Kryolipolyse. Das griechische Wort *kryos* bedeutet so viel wie »Eis«, *lipa* steht für »Fett«, *lysis* für »Auflösung«. Und die Idee für das Verfahren hatte ein deutscher Mediziner.

Dieter Manstein, der am Massachusetts General Hospital in Boston arbeitet, stieß Ende der Neunzigerjahre auf eine Erkrankung namens *Popsicle Panniculitis*. Dabei handelt es sich um eine Entzündung des Unterhautfettgewebes im Mund, die entsteht, wenn Kinder zu lange Eis am Stil (»*Popsicles*«) lutschen. Die Folge: Fettzellen sterben ab.

Dieses Phänomen brachte Manstein auf die Idee zu einer Pilotstudie, und zwar an Schweinen. Durch eine starke Unterkühlung sollte sich das Unterhautfettgewebe entzünden und der Körper die toten Fettzellen abtransportieren. Kurios, aber wahr: Das Verfahren funktionierte.

Nachdem die Forscher ihre Methode verfeinert hatten, machten sie sich auf die Suche nach Investoren. Daraus entstand das Unternehmen Zeltiq Aesthetics. Nun brauchte man nur noch einen schicken Namen für das skurrile Fett-weg-Verfahren – und nannte es *Cool-Sculpting*.

Ähnlich raffiniert ist das Geschäftsmodell. Die Behandlung einer einzigen Körperzone kostet knapp 700 Euro. Wer an Bauch und Hüften abspecken will, kommt schnell auf sechs bis acht Zonen. Pro Behandlung verlangt Zeltiq bis zu 200 Euro.

Der Erfolg dieser lukrativen Idee blieb auch großen Konzernen nicht verborgen. Erst kürzlich wurde bekannt, dass der Pharmariese Allergan, bekannt als Botox-Hersteller, Zeltiq übernommen hat – für knapp 2,5 Milliarden Dollar. Da hat ein Gründer wirklich mal sein Fett weggekriegt!

53

Sicherheitsglas

Édouard Bénédictus war ein echtes Multitalent. Er konnte herausragend malen, hatte aber auch ein Händchen für Naturwissenschaften. Weil seine Verwandten diesen Beruf für seriöser hielten, vernachlässigte er seine künstlerische Ader zunächst und studierte Chemie.

Zu Beginn des 20. Jahrhunderts forschte er in einem Labor in Paris – und da passierte es:

Während eines Experiments fiel ihm ein Glaskolben aus einem Regal. Beim Aufprall auf den Boden war das Gefäß allerdings nicht zerbrochen, sondern lediglich angeschlagen. Wie war das möglich?

Bénédictus befragte seinen Assistenten. Und erfuhr, dass in dem Kolben zuvor Zellulosenitrat aufbewahrt worden war. Nun war die Lösung

offenbar eingetrocknet und hatte das Flascheninnere mit einer zähen Schicht überzogen, die verhindert hatte, dass das Gefäß beim Aufprall in tausend Scherben zerbrach.

Bénédictus erkannte sofort die Tragweite dieser zufälligen Entdeckung. Sie könnte die Rettung vor einer dramatischen Gefahr sein, die die noch junge Automobilität betraf.

Autofahren war damals ein gefährliches Hobby, denn die Fahrer wurden bei Unfällen ständig von zerschmetterten Windschutzscheiben verletzt, mitunter sehr schwer. Daher waren die Forscher fieberhaft auf der Suche nach sicherem Glas – und ausgerechnet das Missgeschick im Labor brachte Bénédictus auf die Lösung.

Sofort machte er sich an weitere Experimente: »Am nächsten Abend hatte ich mein erstes Stück Sicherheitsglas hergestellt«, schrieb Bénédictus später in sein Tagebuch, »ein echtes Versprechen für die Zukunft.«

Das war so selbstbewusst wie vorausschauend. Denn tatsächlich entdeckte Édouard Bénédictus das erste Verbundglas, das noch heute als Sicherheitsglas für Kraftfahrzeuge verwendet wird. Es besteht aus mindestens zwei äußeren Glasscheiben und einer Zwischenschicht aus Kunststoff, die durch spezielle Folien fest miteinander verbunden sind. Bei einem plötzlichen Stoß oder Schlag bricht das Glas zwar – aber die Bruchstücke bleiben an der Folie haften.

Es muss eben manchmal etwas zu Bruch gehen, wenn Neues entstehen soll.

54

Die Plastikzitrone

Schon seltsam: Zitronen sind die einzige Frucht, deren Saft seit Jahrzehnten in einer Verpackung verkauft wird, die genauso aussieht wie das Originalprodukt.

Das Kuriose ist: Die Idee für die gelben Quetschfläschchen hatte ein ehemaliger Pilot der britischen Royal Air Force. Und schon allein die Tatsache, dass William »Bill« Pugh in den Fünfzigerjahren als Produktdesigner arbeitete, war purer Zufall.

Als Kind hatte er sich vor allem für Malen und Basteln interessiert, da lag es nahe, dass er zunächst auf eine Kunsthochschule ging. Doch die Zeiten verlangten nach anderem: Er trat der Luftwaffe bei und wurde Pilot.

Nach Ende des Zweiten Weltkriegs wollte Pugh sich beruflich neu orientieren. Zunächst verdingte er sich als Messebauer, aber gleichzeitig meldete er beim damaligen »Council of Industrial Design« sein Interesse an einer Tätigkeit als Designer an. Eine gute Entscheidung, wie sich später herausstellen sollte.

Als eines Tages die Plastikfirma Cascelloid einen neuen Mitarbeiter suchte, gab man Pughs Namen weiter und die Firma lud ihn zum Vorstellungsgespräch ein. »Ich bin derzeit beschäftigt«, antwortete der jedoch, »ich kann daher nicht kommen.« Das ließ der Firmenchef nicht auf sich sitzen – bis er Pugh zum Wechsel überredet hatte.

Wenig später folgte eine zweite glückliche Fügung. Cascelloid importierte eine Maschine, mit der man Plastikflaschen ganz einfach formen konnte. Ein echtes Geschenk für jeden kreativen Kopf – auch für Pugh.

1949 entwarf er zunächst einen pinkfarbenen Teddybär aus Plastik, der Babypuder ausspuckte. Einige Jahre später kam Pugh auf die Idee, die ihn in Designerkreisen unsterblich machen sollte: die Zitrone aus Plastik.

Für den Prototyp formte er zunächst einen Kern aus Holz und bedeckte ihn dann sorgfältig mit frischer Zitronenschale. Nach mehreren Runden Feinschliff hatte er endlich die perfekte Form gefunden, die Spritzflasche aus Plastik ging in Serienproduktion.

Pughs Erfindung steht noch heute in jedem deutschen Supermarkt – ein Beispiel für die Übereinstimmung von Produkt und Verpackung, wie es sie nur selten gibt.

55

Duty-free-Shops

Die einen kaufen dort Parfüms oder Cremes, die anderen decken sich noch schnell mit Spirituosen oder Zigaretten ein: Duty-free-Shops sind ein weltweit beliebtes Geschäftsmodell – und ein lukratives noch dazu.

Der weltweit größte Duty-free-Händler, das Schweizer Unternehmen Dufry, erzielte im Jahr 2015 einen Umsatz von 4,6 Milliarden Euro.

Solch einen globalen Erfolg hätte sich der Erfinder des Konzepts nie träumen lassen, denn ihm ging es zunächst nur darum, die lokale Wirtschaft zu fördern.

Im Jahr 1947 arbeitete Brendan O'Regan als Abteilungsleiter am irischen Flughafen Shannon. Der profitierte von einer technischen Einschränkung: Flugzeuge waren damals nämlich noch nicht in der Lage, nonstop zwischen Westeuropa und Nordamerika hin und her zu fliegen. Deshalb blieb ihnen nichts anderes übrig, als im westirischen Shannon zum Auftanken zwischenzulanden. So wurden Tausende von Reisenden, die sich irgendwie die Zeit vertreiben mussten, in die Wartezonen gespült.

O'Regan brachte das auf eine Idee. Er wollte die Passagiere mit Schnäppchen locken, und überredete die irische Regierung, ein besonderes Gesetz zu erlassen. Der Transitbereich sollte offiziell nicht mehr Teil des Landes sein, und deshalb sollten dort auch nicht mehr die üblichen Steuern gelten.

Bereits am 18. März 1947 trat der *Customs-Free Airport Act* in Kraft, und damit wurde der

Shannon Airport zur ersten Duty-free-Zone der Welt.

Anfangs verkaufte O'Regan in einem kleinen Lädchen nur lokale Produkte, Souvenirs und Geschenke. Doch es dauerte nicht lange, bis er auch Luxusprodukte von Dior oder Chanel anbieten konnte.

Das Konzept kam bei den Reisenden gut an, und die trugen es per Mundpropaganda in die Welt. In den USA wurde der erste Duty-free-Shop jedoch erst 1962 eröffnet.

Damals dauerten eben nicht nur Transatlantikflüge länger, auch Geschäftsmodelle wurden langsamer kopiert. Aber eines hat sich bis heute nicht geändert: Ein pfiffiger Einfall setzt sich früher oder später immer durch.

»Wenn du an der Entwicklung einer wichtigen Idee beteiligt bist, muss sie dich vollkommen vereinnahmen«, sagte Duty-free-Erfinder Brendan O'Regan einst. »Wenn du immer und immer wieder an eine Tür klopfst, wird sie sich irgendwann öffnen.«

56

Isoliermaterial

Es gehört zur Tragik jedes Erfinders, dass seine Schöpfung mitunter in Verruf gerät – auch wenn es der kreative Kopf nur gut gemeint hatte. So wie der Chemieingenieur Ray McIntire.

Während des Zweiten Weltkriegs gab es in den USA einen hohen Bedarf an Kunststoffen, unter anderem für Isolatoren. Fieberhaft arbeiteten Wissenschaftler an einem Ersatz.

Eines Tages kombinierte McIntire in seinem Labor beim Chemieriesen Dow Chemical zwei Kohlenwasserstoffe namens Polystyrol und Isobuten miteinander – und war verblüfft: Das Material war extrem leicht, aber enorm widerstandsfähig. In darauffolgenden Versuchen stellte McIntire zu seiner Freude fest, dass der Stoff außerdem auch noch unempfindlich gegenüber Feuchtigkeit war. Spätestens jetzt ahnte er das kommerzielle Potenzial seiner Entdeckung. 1944 erhielt der Forscher das Patent für das Produkt, das Dow Chemical von nun an unter dem Namen »Styrofoam« vermarktete.

Zunächst nutzte es die US-Küstenwache in ihren Sechs-Mann-Rettungsflößen. Seit den Fünfzigerjahren wurde der Stoff auch beim Hausbau eingesetzt, beispielsweise als Trittschall, Wärmeschutz oder Dämmung.

Erst seit einigen Jahren ist bekannt, dass diese Erfindung auch ihre Schattenseiten hat. Denn während Hausbesitzer die Robustheit des Stoffs schätzen, leidet genau darunter die Umwelt. Weil er sich nur langsam auflöst, verstopft er weltweit die Müllkippen und verschmutzt die Meere. Die

Herstellung ist energieintensiv, außerdem gilt er als Brandbeschleuniger.

Das hat sich inzwischen herumgesprochen, daher tüfteln Forscher an alternativem Bio-Styrofoam aus Lehm, Holzfasern oder Stroh.

Der Stoff kann die Weiterleitung von elektrischem Strom behindern, nicht aber den Strom der Erneuerung stoppen. So ist es eben fast immer mit Innovationen: Wenn ihre Zeit abgelaufen ist, müssen Alternativen her.

57

Das beliebteste Wort der Welt

Für die einen ist es der Inbegriff für den Niedergang der Sprache, für die anderen ist es die schnellste und einfachste Art, zum Punkt zu kommen. Fakt ist: Der Ausdruck »o. k.« ist einer der meistgebrauchten Begriffe der Welt. Und inzwischen sind sich Sprachwissenschaftler relativ einig, dass sein Siegeszug am 23. März 1839 in Boston begann. Dazu muss man wissen, dass es unter amerikanischen Intellektuellen damals als schick galt, Wörter absichtlich falsch zu schreiben oder Abkürzungen zu verwenden.

Deshalb benutzte der Redakteur Charles Gordon Greene in der Samstagsausgabe der *Boston Morning Post* eines schönen Tages folgende Wendung in einer Glosse: »o. k. – *all correct*«.

Der Wortwitz ist ziemlich simpel: »o. k.« wäre die richtige Abkürzung, wenn es »oll korrect« heißen würde – was aber wiederum falsch geschrieben wäre.

Kann man lustig finden, muss man aber nicht. Allerdings gefiel die Abkürzung vielen Zeitungen an der US-Ostküste so sehr, dass sie sie von nun an bevorzugt in ihren satirischen Beiträgen verwendeten.

Ein Jahr später fand der Begriff sogar Eingang in die Politik. 1840 kämpfte der achte US-Präsident Martin Van Buren um seine Wiederwahl. Er hörte auf den Spitznamen »Old Kinderhook«, in Anlehnung an seine Heimatstadt Kinderhook im heutigen Bundesstaat New York. Und im Wahlkampf verwendeten seine Anhänger vor allem eine Abkürzung: »OK«.

Van Buren verlor zwar die Präsidentschaftswahl, »o. k.« hingegen konnte seinen globalen Siegeszug ungehindert fortsetzen.

58

Container

Eigentlich ist es nur eine achteckige, verschließbare Kiste. 2,44 Meter breit, 2,59 Meter hoch und 6,06 Meter lang (oder in der XXL-Version 12,19 Meter). Doch kein anderer Gegenstand kann Waren so effizient von hier nach dort befördern, auf dem Wasser ebenso wie auf dem Land.

Die Karriere des Containers begann im Jahr 1937 – und zwar, weil der Mensch zur Ungeduld neigt. Damals war der amerikanische Transportunternehmer Malcom McLean von seiner Heimat in North Carolina zum Hafen in Hoboken im Bundesstaat New Jersey gefahren. Auf seinem Lkw hatte er Baumwolle geladen, die mit einem Schiff nach Istanbul gehen sollte. Nun hieß es: warten. Nicht Minuten oder Stunden, sondern tagelang.

Er wurde zunehmend gereizt, denn er verlor Zeit und Geld, während die Hafenarbeiter mühsam jeden Ballen einzeln verluden. Das muss doch irgendwie anders gehen, dachte er sich. Kann nicht die ganze Ladung auf einmal an Bord des Schiffes gehievt werden – und wenn ja, wie?

Im Grunde ist es erstaunlich, dass McLean fast 20 Jahre brauchte, bis ihm die Lösung einfiel. Denn im Nachhinein erscheint sie so naheliegend.

Im Jahr 1956 schickte McLean einen umfunktionierten Tanker von New Jersey nach Houston. An Bord befanden sich 58 Lkw-Anhänger, allerdings ohne Räder. Sie wurden in spezielle Rillen auf dem Schiff montiert: *Voilà*, der Container war geboren.

Sechs Tage später kam das Schiff in Houston an, und McLean ließ es sich nicht nehmen, beim Löschen der Fracht zuzuschauen. Ein Kran hob sie auf die Ladeflächen der Lkws, und dann setzten sie die Fahrt ans Ziel fort.

Jahre später war McLeans SeaLand zeitweise das größte Containerfrachtunternehmen der Welt. Ohne seine Innovation wäre die Globalisierung kaum möglich gewesen, oder zumindest anders verlaufen. Diese Tragweite war auch Malcom McLean bewusst: »Ich habe keine Schiffe«, pflegte er zu sagen, »ich habe seegängige Lkws.«

59

Bleistift mit eingebautem Radiergummi

Innovativ ist nicht nur derjenige, der Neues erfindet, sondern auch, wer Altes neu kombiniert. Und zwar so, dass dabei wiederum Neues entsteht. Das führt uns zu Hymen Lipman.

Der gebürtige Jamaikaner, der mit seinen Eltern in die Vereinigten Staaten ausgewandert war, führte ab dem Jahr 1840 ein Schreibwarengeschäft in Philadelphia. Und natürlich kauften seine Kunden bei ihm auch Bleistifte und Radiergummis.

Aber warum musste man beides voneinander getrennt erwerben? Wer den Stift benutzte, brauchte doch meistens zeitnah den Radierer. Das brachte Lipman auf eine Idee.

Im Jahr 1858 erwarb er das Patent für einen Bleistift mit eingebautem Radiergummi. Diese Integration war wortwörtlich zu verstehen: Lipmans Prototyp war so konzipiert, dass sich der Radiergummi im Inneren des Stiftes befand. Man konnte ihn also von zwei Seiten anspitzen: vorne die Bleistiftmine, hinten den Radiergummi.

Im Jahr 1862 verkaufte Lipman sein Patent für 100.000 US-Dollar an den Unternehmer Joseph Reckendorfer – ein gutes Geschäft, das ihm nach heutigem Wert etwa zwei Millionen Dollar eingebracht hätte. Reckendorfer glaubte fest daran, dass er aus dem Patent ein riesiges Geschäft machen könnte. Doch in Wahrheit brachte es ihm nichts als Frust und Ärger.

Im Jahr 1875 entschied nämlich der Oberste Gerichtshof der USA, dass der Bleistift mit eingebautem Radiergummi keine wirkliche Innovation darstellte. Mit dieser Entscheidung radierte das Gericht alle Gewinnerwartungen aus, mit denen Reckendorfer gerechnet hatte. Denn fortan konnte jedes Unternehmen das Produkt herstellen, ohne auch nur einen Cent Lizenzgebühren zu zahlen.

In den folgenden Jahrzehnten wurde der Bleistift mit Radiergummi in den USA ein Verkaufsschlager und erlangte sogar symbolische Kraft. Für den Pfarrer Silas Conger war er ein Zeichen für Resilienz und den Mut zum Scheitern. »Wer sich seine Niederlagen immer wieder vor Augen führt, wird immer nur noch weiter scheitern«, pflegte er zu sagen, »also nehmt euren Bleistift, radiert den Fehler weg und fangt von vorne an.«

Und das gilt nicht nur für Bleistifte, sondern für jede innovative Unternehmung.

60

Die Narkose

Manche Menschen sind der Ansicht, dass früher vieles besser war, aber ein Besuch beim Zahnarzt gehörte sicherlich nicht dazu. Man will sich heute gar nicht mehr vorstellen, wie es sich anfühlen würde, Eingriffe ohne Betäubung zu ertragen.

Muss man aber zum Glück auch nicht mehr. Und das verdanken wir auch Horace Wells.

Im Jahr 1844 besuchte der amerikanische Zahnarzt eine sonderbare Veranstaltung, die damals in den USA enorm beliebt war. Auf Jahrmärkten fanden öffentliche Lach-Partys (*laughing parties*) statt, bei denen sich die Menschen zum Vergnügen eine Dosis Distickstoffmonoxid, besser bekannt als Lachgas, verabreichen ließen. Die berauschende Wirkung wirkte sich sichtbar auf die Stimmung aller Anwesenden aus.

Wells schaute verblüfft zu, wie sich ein junger Mann auf der Bühne aus Versehen eine schwere Wunde am Schienbein zuzog – und vor lauter Benebelung keinen Schmerz zu empfinden schien. Das brachte ihn auf eine Idee.

Am nächsten Tag stellte sich Wells als Versuchskaninchen zur Verfügung. Er inhalierte eine kräftige Portion Lachgas, und als die Narkose einsetzte, ließ er sich von einem befreundeten Zahnarzt einen Weisheitszahn ziehen.

Während des Eingriffs spürte er – nichts.

»Das ist die größte Entdeckung aller Zeiten«, soll Wells gerufen haben, als er aus der Narkose erwachte, »ich habe kaum mehr gespürt als einen Nadelstich.«

Nun wollte er die Welt von seiner Entdeckung überzeugen. Leider nahm seine Geschichte eine tragische Wendung.

Einige Wochen später wollte Wells einem Mann öffentlich einen Zahn ziehen und rührte bei Studenten und Dozenten kräftig die Werbetrommel für die innovative Prozedur. Vermutlich hatte er vergessen, das Gewicht des Patienten zu berücksichtigen, denn er verschätzte sich bei der Dosierung des Lachgases. Der Patient schrie vor Schmerzen, und Wells wurde fortan als Scharlatan beschimpft. Diese Schmach verkraftete er nicht. Wells verließ seine Frau und seinen Sohn und zog nach New York. Um seine Erfindung zu verfeinern, experimentierte er selbst mit Äther und Chloroform, bis er süchtig nach diesen Stoffen wurde.

Eines Abends verhaftete ihn die Polizei. Er wurde verdächtigt, im Ätherrausch Frauen mit Säure bespritzt zu haben. Im Gefängnis schnitt er sich die Oberschenkelarterie auf und verblutete – im Alter von nur 33 Jahren.

Auch das ist durchaus typisch für die Erfinder und Wagemutigen: Innovationen sind ihr Lebensthema; an ihnen hängt viel mehr als nur Geld und Erfolg. Wenn sie scheitern, dann oft auf ganzer Linie.

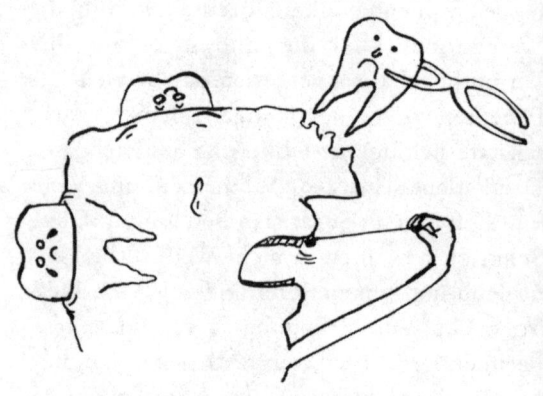

61

Kaugummi

Stillen sie unsere Sehnsucht nach der mütterlichen Brust? Lindern sie Nervosität? Oder sind sie einfach nur ein probates Mittel zur Mundhygiene?

Es ist nicht völlig klar, warum Menschen gerne Kaugummi kauen. Unbestritten ist aber: Sie tun es schon sehr, sehr lange. Ausgrabungen von Archäologen lassen den Schluss zu, dass unsere Vorfahren bereits vor 5000 Jahren gern mit dem Kiefer malmten – damals allerdings auf Birkenrinde. Das prägt uns offenbar bis heute: Im vergangenen Jahr konsumierten 5,5 Millionen Deutsche jeden Tag Kaugummi. Zu verdanken haben wir das Thomas Adams.

Der Amerikaner schlug sich im 19. Jahrhundert zunächst mit Gelegenheitsjobs durch, be-vor er sich als Fotograf in New York niederließ. Dort begegnete er eines Tages dem mexikanischen General und Politiker Antonio López de Santa Anna. Adams fiel gleich auf, dass er eine seltsame Angewohnheit hatte: Ständig kaute Santa Anna auf irgendeinem Gegenstand herum.

Als Adams sich danach erkundigte, erfuhr er, dass es sich dabei um Chicle handelte, eine gummiartige Masse, die aus dem Milchsaft des mexikanischen Breiapfelbaums gewonnen wird. Und das brachte Adams auf eine Idee.

Er kaufte dem Mexikaner ein wenig Chicle ab. Dann verrührte er die Masse mit Kautschuk, um daraus Reifen zu machen. Aber damit sollte er keinen Erfolg haben.

Vor lauter Frust soll sich der neugierige Adams stattdessen ein Stück in den Mund gesteckt haben. Er war überrascht, wie gut es schmeckte.

Konnte man daraus nicht etwas machen? Und ob.

Im Jahr 1869 besorgte sich Adams noch mehr Chicle, fügte etwas Geschmacksverstärker hinzu – und fertig war das neue Produkt. Wenig später eröffnete er in New York die erste Kaugummifabrik der Welt, zwei Jahre später verkaufte er die ersten Päckchen in Geschäften.

Von hier aus traten sie ihren weltweiten Siegeszug an. Zwischen die Zähne der Menschen, aber leider auch auf die Bürgersteige der Städte.

Schon 1939 warnte die *New York Times* vor einer Vermüllung der Bürgersteige. In dem Artikel wurde auch ein Hotelmanager zitiert, der befürchtete, dass bald die ganze Stadt von Kaugummiresten überzogen werden würde. Und in Singapur stand Kaugummikauen jahrelang unter Strafe. Dabei lässt sich ein gekautes Kaugummi durchaus sinnvoll einsetzen: Wer ein falsches Loch in die Wand gebohrt hat, kann es damit stopfen. Trägt man dann noch ein wenig Farbe auf, ist nichts mehr zu sehen.

62

Der erste VW Bulli

Auch aus einer hingekritzelten Zeichnung entstehen manchmal Weltideen, so wie vor 70 Jahren in Wolfsburg. Man muss nur die Augen offenhalten und sich gedanklich auf neue Kombinationen einlassen.

Der Niederländer Ben Pon hatte den Familienbetrieb des Vaters zusammen mit seinem Bruder geerbt. Seit 1931 war »Pon's Automobielhandel«

offizieller Opel-Importeur, nun wollten die Brüder Volkswagen-Partner werden. Während eines Spaziergangs über das VW-Werksgelände im April 1974 fiel Ben Pon ein Gefährt auf, das er äußerst merkwürdig fand: Ein paar Arbeiter hatten es selbst gebaut, um schwere Platten leichter von Halle zu Halle zu transportieren. Der Fahrer saß auf einer im Heck installierten Bank, unter ihm befand sich der Motor.

Einige Tage später nahm Pon einen Notizblock und kritzelte mit wenigen Strichen den Entwurf eines neuen Autos hinein: ein Lieferwagen mit einer kleinen Kabine, einem kastenförmigen Aufbau und dem käfertypischen Heckantrieb.

Pon ahnte sofort, dass der Entwurf eine Marktlücke füllen könnte. Nach dem Zweiten Weltkrieg kam die Wirtschaft gerade wieder in Schwung, Handwerker und Einzelhändler konnten ein einfaches, robustes und preiswertes Transportfahrzeug gut gebrauchen.

Deshalb gelang es Pon auch, mit seiner scheinbar simplen Kritzelei den Generaldirektor des Volkswagenwerks zu überzeugen: Heinrich Nordhoff reichte das Konzept an seine Ingenieure weiter. Am 8. März 1950 begann die Serienproduktion des Volkswagen-Transporters, besser bekannt unter seinem Spitznamen »Bulli«. Nur vier Jahre später lief in Wolfsburg bereits das hunderttausendste Exemplar vom Band.

Von der norddeutschen Tiefebene bis an die Strände Kaliforniens ist es ein weiter Weg. Aber im Nachhinein ist es wenig überraschend, dass der kleine Bus zum Liebling der amerikanischen Surfer- und Hippiebewegung wurde. Zum einen, weil der Innenraum genug Platz bietet, um Surfbretter zu verstauen oder auch mal darin zu übernachten. Zum anderen, weil sich der bescheidene Bus wohltuend von den protzigen *Muscle Cars* absetzte, die damals groß in Mode waren. Wer überlegen ist, drängt sich nicht in den Vordergrund.

Von diesem nostalgischen Charme will VW auch heute noch profitieren. Zum 70. Geburtstag des Bullis stellte das Unternehmen deshalb ein Sondermodell seines aktuellen Multivans vor. Ausgestattet mit allerlei technischem Schnickschnack, darunter eine Multifunktionsanzeige mit Müdigkeitserkennung – aber auch mit Bodenbelag in Holzoptik und Sitzbezügen im Retrodesign.

63

Deodorant

Eine gute Idee braucht das richtige Timing – und manchmal auch das richtige Wetter. Edna Murphey hätte es mit ihrer Idee vielleicht nie so weit gebracht, wenn der Sommer 1912 nicht dermaßen heiß gewesen wäre.

Damals fuhr die Amerikanerin nach Atlantic City, um dort ein Produkt vorzustellen, das ihr Vater Abraham Murphey zwei Jahre zuvor erfunden hatte. Als Chirurg war er im Operationssaal auf trockene, schweißfreie Hände angewiesen. Deshalb hatte er ein Deodorant kreiert, das die Schweißbildung hemmen sollte.

Seine Tochter war schnell darauf gekommen, dass es seinen Dienst auch unter den Achseln prima erledigte.

Leider stellte sich heraus, dass kaum jemand das Produkt mit dem Fantasienamen »Odorono« kaufen wollte. Edna war trotzdem von dessen Potenzial überzeugt, deshalb kratzte sie ein wenig Geld zusammen und buchte einen Stand auf der Messe in Atlantic City.

Es war ein heißer Sommer, die Besucher schwitzten – und Murphey konnte tatsächlich ein paar Exemplare des Deos verkaufen. Sie beschloss, das eingenommene Geld ins Marketing zu investieren, für Unterstützung wandte sie sich an die Werbeagentur J. Walter Thompson. Die Agentur stellte ihr einen jungen Texter namens James Webb Young vor, der erst seit kurzem dort arbeitete.

Damals konnte noch niemand ahnen, dass Young einmal einer der berühmtesten Werbetexter des 20. Jahrhunderts werden würde. Und das lag nicht zuletzt an der Zusammenarbeit mit Edna Murphey.

Zunächst wollte Young in den Werbekampagnen gegen den Aberglauben angehen, dass es für den Körper schädlich sei, die Transpiration zu unterbinden. Das funktionierte einige Jahre auch ganz gut. Doch als die Masche nicht mehr zog, stagnierten die Verkäufe. Young musste sich etwas anderes überlegen, wenn er den wichtigen Kunden nicht verlieren wollte. Da kam ihm eine Idee.

In einer Umfrage hatte die Werbeagentur herausgefunden, dass alle weiblichen Befragten das Produkt »Odorono« kannten, ein Drittel nutzte es auch. Zwei Drittel hingegen fanden, sie könnten darauf verzichten. Heute finden die meisten Menschen den Gedanken, kein Deo zu verwenden, eher gruselig – und daran ist auch James Webb Young schuld. Denn in der nächsten Kampagne appellierte er an die Scham und das Hygieneempfinden der Frauen. Er wollte ihnen ganz unverblümt klarmachen, dass es peinlich sei, nach Schweiß zu riechen – vor allem, weil sie zwar niemand direkt darauf ansprechen, man aber hinter ihrem Rücken über sie herziehen würde. Im Jahr 1919 schaltete er neue Anzeigen für das Produkt. Darauf waren ein Mann und eine Frau bei einem Rendezvous zu sehen, darüber prangte die warnende Zeile: »Unter der Achsel einer Frau: eine offene Diskussion über ein Thema, das gerne verschwiegen wird.« Die Botschaft war klar: Wer einen Mann ergattern will, darf nicht nach Schweiß riechen. Und die Kampagne erreichte ihr Ziel.

Gut, zahlreiche Leserinnen in den ganzen USA fühlten sich zutiefst beleidigt, und die Kolleginnen des Werbetexters Young waren empört und beschimpften ihn. Aber insgeheim ließen sie sich ebenfalls von der umstrittenen Kampagne beeindrucken. Im folgenden Jahr stiegen die Umsätze von »Odorono« um 112 Prozent auf 417.000 US-Dollar, und 1927 knackte Murphey erstmals die Millionen-Dollar-Grenze, zwei Jahre später verkaufte sie ihr Unternehmen an einen Konkurrenten. Von nun an richteten sich alle Deohersteller in ihren Kampagnen an die Eitelkeit der Kunden.

Und was war mit den müffelnden Männern? Es sollte tatsächlich noch Jahrzehnte dauern, bis sie von der Werbeindustrie ins Visier genommen wurden. Unter den Achseln eines Mannes – besser spät als nie.

64

Der Kaffeefilter

Wut gilt als Karrierekiller. Angeblich vergiftet diese Emotion die Unternehmenskultur, macht unglücklich und unproduktiv.

Doch selbst aus negativen Gefühlen können positive Dinge entstehen. Das zeigt der Fall von Melitta Bentz.

Im Jahr 1908 ging die sächsische Hausfrau ihrer Lieblingsbeschäftigung nach und gönnte sich ein

Tässchen Kaffee. Das Gebräu trank sie immer gerne, nur eine Kleinigkeit fehlte ihr zur völligen Glückseligkeit: ein sauberer Herstellungsprozess.

Kaffeetrinken war damals eine ziemlich krümelige Angelegenheit. Die Menschen filterten das

Pulver nach dem Aufbrühen nur durch ein normales Haushaltssieb, dadurch landeten beim Verzehr häufig störende Bohnenreste zwischen den Zähnen und im Rachen.

Bentz missfiel auch der Geschmack, den der bittere, schwarzbraune Schlick hinterließ – aber er brachte sie auf eine Idee: Sie nahm einen Messingbecher und bohrte Löcher hinein, darauf legte sie ein Löschblatt aus dem Schulheft ihres Sohnes, füllte Kaffeepulver ein und goss heißes Wasser darüber – fertig war der Kaffeefilter. 1908 ließ sie ihre Erfindung patentieren.

Das Unternehmen, das sie mit 72 Reichspfennigen Startkapital zusammen mit ihrem Mann gründete, trägt noch heute ihren Vornamen: Die Firma Melitta aus dem westfälischen Minden vertreibt auch weiterhin Kaffee- und Filtertüten.

65

Die Spülmaschine

Vielleicht hatte Curt Goetz doch recht: »Faulheit ist die Mutter aller Erfindungen«, sagte der deutsch-schweizerische Theaterautor einmal. Im Fall der Spülmaschine trifft das definitiv zu.

Josephine Garis Cochran stand auf der Sonnenseite des Lebens. Ihr Ehemann war ein wohlhabender Geschäftsmann, daher konnte sie sich eigentlich genug Angestellte leisten, die sich um die leidige Hausarbeit kümmerten. Uneigentlich zerbrachen diese aber ständig die schönen Porzellanteller und -tassen. Cochran wollte das irgendwann nicht mehr hinnehmen.

Zunächst kümmerte sie sich selbst um den Abwasch, aber irgendwann ging ihr auch das auf die Nerven. Als ihr Ehemann im Jahr 1883 starb, widmete sie sich ganz ihrem Projekt – und bewies dabei erhebliches ingenieurwissenschaftliches Geschick. Offenbar hatte sie von ihrem Vater gelernt, der als Wasserbauingenieur gearbeitet hatte.

Cochrans Erfindung bestand aus einem Kupferkessel, in dem ein Rad angebracht war, das von einem Motor angetrieben wurde. Auf dieses Rad montierte Cochran einen Korb, in dem wiederum die Halterungen für Teller, Tassen und Untertassen befestigt waren.

Von unten spritzte nun heißes Seifenwasser auf das Geschirr. Auch wenn die Maschinen inzwischen leiser, kleiner, sparsamer sind: Das Prinzip ist dasselbe geblieben.

Ein entsprechendes Patent meldete die Erfinderin im Jahr 1886 an – als erste Frau überhaupt. Vorgestellt wurde ihre Innovation bereits 1893 auf der Weltausstellung in Chicago, doch dauerte es Jahrzehnte, bis sie sich durchsetzte.

Denn bis in die Fünfzigerjahre war das Gerät noch extrem teuer. Und hinzukam, dass sich viele Frauen zu dieser Zeit noch ganz wesentlich über die Hausarbeit definierten. Da widersprach es ihrem Selbstverständnis, sich nicht mehr eigenhändig um das Geschirr zu kümmern.

Sobald aber die Frauen vom heimischen Herd aufbrachen, um ihren Siegeszug in die Arbeitswelt anzutreten, konnten die Spülmaschinen die Küchen erobern und wurden auch in Deutschland zum Verkaufsschlager.

Heutzutage sind sie aus einem modernen Haushalt schlicht nicht mehr wegzudenken. Und sie haben sogar psychologische Zusatzfunktionen übernommen: In Beziehungen oder Familien gilt die Spülmaschine oft als Frontlinie im Konflikt zwischen den Zwangsneurotikern und den Chaoten. Beim täglichen Geschirr-Tetris stellt sich rasch heraus, wer das nötige Talent hat, um in der Küche strukturiert für Ordnung zu sorgen.

Und somit bietet die Erfindung von Josephine Garis Cochran sogar einen psychologischen Mehrwert: Stärken stärken ist auch im Haushalt ein gutes Führungsprinzip. Wer mit der Spülmaschine hadert, soll lieber den Müll rausbringen!

66

Der Zauberwürfel

Experten schaffen es in ein paar Sekunden, Angeber mit verbundenen Augen oder sogar mit den Füßen: Seit mehr als 30 Jahren mühen sich Menschen weltweit mit einem bunten, aus zahlreichen drehbaren Quadraten zusammengesetzten Spielzeug ab – dem Zauberwürfel. Dabei wollte dessen Erfinder eigentlich nur seinen Studenten auf die Sprünge helfen.

Der Ungar Ernö Rubik studierte nach dem Abitur zunächst Bildhauerei, dann sattelte er auf Architektur um. 1971, als er Professor an der Hochschule für Angewandte Kunst in Budapest wurde, war das Land noch Teil des kommunistischen Ostblocks. Der Lehrplan war vor allem darauf ausgerichtet, dass die Studenten fleißig büffelten, kreatives Denken war nicht gefragt. Das wollte Rubik ändern.

Auf der Suche nach einer mobilen Struktur dachte er an einen Würfel, denn der ist hübsch symmetrisch und vielseitig verwendbar. Also bastelte Rubik eigenhändig ein Exemplar aus Holz und bohrte Löcher hinein, die er durch Gummibänder miteinander verband. Als er fertig war, ahnte er schon, dass seine Erfindung nicht nur für Architekturstudenten reizvoll sein könnte. Wie recht er hatte: Seitdem »Rubik's Cube« im Jahr 1980 auf den Markt kam, wurden mehr als 350 Millionen Exemplare verkauft.

Rubik selbst ist inzwischen 72 Jahre alt, blieb stets bescheiden und machte nie großes Aufheben um seine Person. Abgesehen von seiner Weltidee kann er deshalb auch noch auf seine Unabhängigkeit stolz sein: »Ich war nie Sklave eines Unternehmens«, sagte er einst, »ich habe nie etwas gemacht, das mir keinen Spaß bereitet hätte.«

Der Rubik-Würfel birgt übrigens auch einen kleinen Hinweis darauf, wie sich die Zeiten ändern. Rubik wurde kreativ, um die politischen Restriktionen seiner Zeit zu umgehen. Das meistverkaufte Spielzeug in den USA ist heute der »Fidget Spinner«, ein kleines Plastikgerät mit Kugellager, dessen Ärmchen man in Schwung versetzt – das ideale Spielzeug für selbstversunkene, egozentrische Zwangsneurotiker.

67

Die Batterie

Taschenlampen, Smartphones, Elektroautos: Ohne Batterien wäre das Leben in vielerlei Hinsicht weniger, nun ja – »spannend«. Und das verdanken wir nicht zuletzt einem Streit unter Kollegen.

Alles begann mit kuriosen Versuchen. Im Jahr 1780 experimentierte der italienische Arzt und Anatom Luigi Galvani mit Froschschenkeln. Ohne es zu ahnen, legte er damit die

Grundlage für eine bahnbrechende Erfindung. Denn bei seinen Experimenten stellte Galvani fest, dass die eigentlich leblosen Beinchen wie von selbst zu zucken begannen, wenn sie mit Kupfer oder Eisen in Kontakt kamen. Tatsächlich stellte Galvani einen Stromkreis her – allerdings ohne die Tragweite dieser Revolution zu erkennen. Stattdessen interpretierte er seine kuriose Beobachtung als »tierische Elektrizität«.

Das hielt sein Forscherfreund Alessandro Volta für Unsinn. Der Spross einer wohlhabenden italienischen Adelsfamilie arbeitete damals als Professor für Physik an der Universität Pavia und nahm sich vor, seinen Kollegen zu widerlegen. Denn für ihn war nicht das Tier entscheidend, sondern die beteiligten Metalle – also das Salzwasser im Froschschenkel als elektrisch leitende Flüssigkeit, sowie die Muskeln, die beim Schließen des Stromkreises zu zucken begannen und quasi als Stromanzeiger fungierten.

Ein gutes Jahrzehnt später präsentierte Volta der Welt die Volta-Säule, wobei er sich von Galvani inspirieren liess. Denn seine Säule bestand aus mehreren übereinander geschichteten Kupfer- und Zinkplatten. Dazwischen befanden sich Papp- oder Lederstücke, die Volta zuvor in Flüssigkeit getunkt hatte. Als er die Enden der Säule mit Hilfe von Draht zu einem Kreislauf verband, floss elektrischer Strom.

Volta war es erstmals gelungen, auf chemischem Wege Strom zu erzeugen – die erste funktionierende Batterie war geboren.

Seit 1897 ist Volt die Maßeinheit für elektrische Spannung, der Name Galvani hingegen ist heute nur Eingeweihten ein Begriff. Ein weiteres Beispiel dafür, dass das Leben von Wissenschaftlern bisweilen eine tragische Note besitzt: Eine Idee mag in die richtige Richtung weisen, doch manchmal ist sie einfach noch nicht ausgereift genug.

68

Die Eismaschine

Schon seit Jahrtausenden sind eiskalte Genussmittel heiß begehrt. Bereits vor etwa 3000 Jahren nutzten die Chinesen Schnee oder Natureis, um Getränke zu kühlen. Und Alexander der Große mischte Gipfelschnee und Gletschereis mit Wein oder Honig, um seine Offiziere bei Laune zu halten.

Heute schleckt jeder Deutsche im Durchschnitt 7,9 Liter Speiseeis pro Jahr – und dieses süße Vergnügen verdanken wir einer Amerikanerin namens Nancy Johnson.

Bis ins 18. Jahrhundert stellte man Speiseeis nach der Pot-Freezer-Methode her. Dazu nahm man eine dünne Metallschüssel, rührte die gewünschten Zutaten hinein – also vor allem Milch und Zucker –, und stellte diese Schüssel anschließend in einen Topf, in dem sich eine Mischung aus gefrorenem Wasser und Salz befand.

Und nun hieß es warten – denn die Mischung kühlte die Schüssel von unten und fror die Flüssigkeit ein.

Man kann sich vorstellen, dass diese Methode sowohl zeit- als auch arbeitsintensiv war. Nancy Johnson nahm sich vor, genau das zu ändern. Leider lassen sich heute keine genauen Angaben mehr zu ihrer Herkunft finden, die einen verorten ihre Heimat in Washington D.C., andere Quellen behaupten, sie sei aus Philadelphia gewesen. Fest steht aber, dass Johnson im Jahr 1843 eine ungewöhnliche Konstruktion zum Patent anmeldete: Die erste Eismaschine der Welt bestand aus einem Holzkübel, dessen Innenwände mit Eis und Salz beschichtet waren. Im Kübel befand sich ein Metallbehälter, in den Milch, Zucker und Aromen hineinkamen. Der Clou der Konstruktion war der Deckel des Kübels. Dort hatte Johnson eine Kurbel befestigt, und wenn man diese betätigte, drehte sich der Metallbehälter im Kübel. An den Wänden des Behälters fror nun eine dünne Schicht Eis fest, die von einem Rührarm abgeschabt wurde und wieder in den Behälter fiel. Drehte man die Kurbel weiter, fror erneut Eis am Behälter fest. Also musste man nur lange genug rühren, bis die gesamte Mischung zu Eis geworden war.

Auch wenn die Herstellungsmethode heute mühsam klingt, war Johnsons Innovation doch eine erhebliche Erleichterung. Denn einerseits konnte man in kürzerer Zeit mehr Eis herstellen, andererseits blieb es durch den Deckel auch länger kalt. Durch den Rührarm wurde die Mischung außerdem schön cremig. Leider hatte Nancy Johnson nicht genug Geld, um in Massenproduktion zu gehen. Deshalb verkaufte sie das Patent einige Jahre später für 200 Dollar an den Küchenhändler William Young. Immerhin taufte er seine Maschine ihr zu Ehren *Johnson Patent Ice Cream Freezer*.

Die erste Eismaschine der Welt erinnerte ein wenig an ein überdimensioniertes Butterfass.

Auch wenn heute niemand mehr sein Eis manuell kurbelt – das Prinzip ist dasselbe geblieben.

69

Monopoly

Für seine Eltern ist ein Baby das schönste Geschenk der Welt – für andere ist es erstmal nur ein kleines, unbedarftes Lebewesen. Eltern können versuchen, es bestmöglich zu beschützen. Allerdings müssen die Eltern die Kontrolle nach und nach abgeben – und wenn alles gut läuft, wird das Kind eines Tages auf eigenen Füßen stehen.

Mit Innovationen verhält es sich im Grunde ähnlich. Wenn alles klappt, kommt das Produkt irgendwann in den Verkauf und die Erfinder können vesuchen, es möglichst gut zu vermarkten. Doch müssen sie einsehen, dass die Menschen ihre Idee womöglich anders auffassen oder sogar völlig umdeuten. So wie beim erfolgreichsten Gesellschaftsspiel aller Zeiten.

Das wurde nicht nur von einer Frau erfunden, die jahrzehntelang anonym blieb. Obendrein war ihre ursprüngliche Intention genau das Gegenteil dessen, wofür das Spiel heute steht: Elizabeth Magie ging es nicht darum, dem Kapitalismus Vorschub zu leisten – sondern ihn zu kritisieren.

Zur Welt kam sie 1866 im US-Bundesstaat Illinois, ein Jahr nach Ende des Amerikanischen Bürgerkriegs. Ihr Vater war Zeitungsverleger und setzte sich als Teil der Abolitionisten dafür ein, die Sklaverei abzuschaffen. Diesen Sinn für Gerechtigkeit gab er an seine Tochter weiter. Magie führte ein ungewöhnliches Leben, zumindest nach damaligen Maßstäben. Durch ihre Arbeit als Stenotypistin und Sekretärin verdiente sie ihren eigenen Lebensunterhalt und heiratete erst mit 44 Jahren. In ihrer Freizeit schrieb sie Gedichte und Kurzgeschichten, außerdem trat sie gelegentlich im Theater auf. Und sie begeisterte sich für den Politiker und Ökonomen Henry George, der ein scharfer Kritiker von Bodenspekulation war. In der ungleichen Landverteilung sah er die Hauptursache für Armut und Ungleichheit. Magie wollte mehr Menschen von Georges Thesen überzeugen, und zwar mithilfe eines Spiels. Deshalb meldete sie im Jahr 1903 ein Patent auf das »Landlord's Game« an, was auf Deutsch so viel heißt wie »Grundstückseigentümer-Spiel«.

Auf dem Brett waren verschiedene Straßen eingezeichnet, in einer Ecke befand sich ein Gefängnis. Die Spieler kassierten voneinander Mietforderungen – doch gleichzeitig zahlten sie Steuern an eine Gemeinschaftskasse.

Mit dem Spiel wollte Magie zeigen, welches Übel entsteht, wenn sich Menschen auf Kosten anderer bereichern. Und das kam gut an, vor allem bei linksliberalen Studenten.

Wer jemals »Monopoly« gespielt hat, der weiß, dass es zwischen Schlossallee und Hauptbahnhof heute ausschließlich um knallharten Wettbewerb geht und darum, die Mitspieler so lange zu schröpfen, bis sie pleite sind und aufgeben müssen.

Daran ist der Amerikaner Charles Darrow schuld. Denn er erfuhr eines Tages vom »Landlord's Game« und machte sich daran, das Spiel umzugestalten. Er fügte feste Preise hinzu, benannte Straßen um – und änderte eine entscheidende Regel: Nun gewann derjenige, der am erfolgreichsten spekulierte und die anderen in den Ruin trieb.

Zunächst verkaufte Darrow das Brettspiel in seinem Freundeskreis. Doch eines Tages erfuhr das Spieleunternehmen Parker Brothers davon und sicherte sich eine Lizenz. Ironie der Geschichte: Jahrzehnte vorher hatte Elizabeth Magie dem Unternehmen ihr Spiel präsentiert – und die Manager hatten es abgelehnt, weil sie es zu kompliziert fanden. Immerhin kaufte Parker Brothers ihr nun noch das Patent ab, gegen eine Einmalzahlung von gerade einmal 500 Dollar. Darrow hingegen sicherte sich einen Teil der Lizenzgebühren und wurde steinreich.

Dass die Geschichte der Erfinderin überhaupt bekannt wurde, verdanken wir ebenfalls einem Zufall. In den Siebzigerjahren stritt der Ökonomieprofessor Ralph Anspach mit Parker Brothers um die Rechte an einer Art Anti-Monopoly. Während seiner Recherche stieß er auf Magies Patent und ihre Lebensgeschichte.

Bereits im Jahr 1902 hatte sie sich zu ihrer Erfindung geäußert: »Ich hätte es auch ›Spiel des Lebens‹ nennen können, da es alle Elemente von Erfolg und Misserfolg enthält, wie sie auch in der realen Welt vorkommen. Außerdem decken sich Sinn und Zweck des Spiels mit dem Lebensziel vieler Menschen – der Anhäufung von Reichtum.«

70

Das Kaleidoskop

Erfinder zweifeln häufig daran, ob ihre Innovation wirklich so gut ist, dass sie sich durchsetzen wird. Nicht so David Brewster.

»Diese Erfindung wird für Architekten, Maler, Juweliere, Buchbinder, Teppichhersteller und generell jeden Beruf, in dem gewisse Muster erforderlich sind, von großem Nutzen sein«, prophezeite er selbstbewusst. Unrecht hatte er damit nicht, reich wurde er mit seiner Erfindung trotzdem nicht – und das hatte Brewster auch seiner Hybris zu verdanken.

Im Jahr 1817 meldete der schottische Physiker ein Patent auf das Kaleidoskop an. Wenn man so will, landete Brewster damit den ersten viralen Verkaufshit der Geschichte, inklusive einer typischen Folgeerscheinung: kulturpessimistische Kritiker, die angesichts des kommerziellen Erfolgs schon das Ende des Abendlandes anbrechen sahen.

Heute belächeln Erwachsene den Erfolg des »Fidget Spinner«, vor einigen Jahren waren »Tamagotchis« schwer angesagt. Zu Beginn des 19. Jahrhunderts lief kaum jemand ohne Kaleidoskop durch die Gegend – ein Verkaufsschlager, dessen Entdeckung ganz zufällig zustande kam.

Brewster experimentierte damals in seinem Labor mit Licht. Dabei nutzte er Glas-, Gold- und Silberplatten, um die Strahlen zu reflektieren und zu brechen. Sofort war er gebannt von den Bildern, die dabei entstanden. Daraufhin bastelte Brewster ein Rohr, in das Licht hereinschien, welches durch bunte Glasstücke gefiltert wurde. Mehrere Spiegel reflektierten das Licht. Wer durch ein Guckloch in das Rohr spähte, konnte die Bilder je nach Bewegung verändern. Als Namen für sein Produkt kombinierte Brewster die altgriechischen Begriffe *kalos* (schön), *eidos* (Form) und *skopein* (sehen). Wörtlich übersetzt heißt Kaleidoskop also »Schönformseher«.

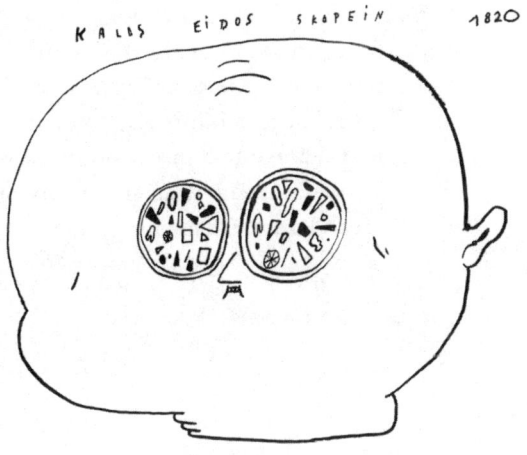

Vor lauter Begeisterung übersah Brewster völlig, wie einfach seine Erfindung nachzubauen war.

Schon 1820 hatten Nachahmer ihre Produkte im ganzen Land auf den Markt gebracht, und die Menschen waren wie besessen von dem neuen Spielzeug. Zeitungen spotteten über Jugendliche, die gegen Wände liefen, während sie wie hypnotisiert in die Kaleidoskope starrten. An Straßenecken wurden große Kaleidoskope errichtet, in welche die Passanten gegen ein paar Münzen hineinschauen konnten.

Finanziell profitierte Brewster davon allerdings gar nicht, denn seine Konkurrenten hatten ihre Geräte leicht modifiziert. Immerhin wurde ihm eine Ehre zuteil, die man mit Geld nicht bezahlen kann: 1832 wurde er von König Wilhelm IV. zum Ritter ernannt.

71

Der Geldautomat

Vor einer verschlossenen Türe zu stehen, kann in einem Menschen vieles auslösen. Frust. Ärger. Wut. Oder Kreativität.

An einem Samstag im Jahr 1965 stand John Shepherd-Barron vor seiner Bankfiliale, um Bargeld für das Wochenende abzuheben. Leider kam er einige Minuten zu spät, die Bank hatte bereits geschlossen. Ein paar Stunden später lag

Shepherd-Barron zu Hause in der Badewanne und kam ins Grübeln, allerdings weniger über seine Unpünktlichkeit, als über das große Ganze.

Wer damals Bargeld brauchte, musste es sich am Bankschalter besorgen, eine andere Möglichkeit gab es nicht. Das konnte doch nicht so bleiben, fand Shepherd-Barron. Wenn es möglich war, Schokoriegel aus einem Automaten zu ziehen – warum dann nicht auch Bargeld?

Einige Monate später traf er an einem Wochenende zufällig den Chef der britischen Barclays Bank und erzählte ihm von seiner Idee. »Kommen Sie am Montag in mein Büro«, sagte dieser sofort.

Wenig später verließ Shepherd-Barron seinen Posten bei einer Firma, die Banknoten druckte, und machte sich für Barclays an die Entwicklung des ersten Bankautomaten der Welt.

Etwa zwei Jahre später war es soweit. Am 27. Juni 1967 eröffnete Barclays im Norden von London die erste *Automated Teller Machine* der Welt, was so viel heißt wie »Automatisierte Schalterbeamten-Maschine«. Die Abkürzung ATM ist noch heute international gebräuchlich. Karten mit Magnetstreifen gab es damals allerdings noch nicht. Stattdessen mussten die Kunden einen Scheck, der mit einer leicht radioaktiven Substanz imprägniert war, in den Automaten schieben.

Während seiner Arbeit kam Shepherd-Barron auch auf die Idee der vierstelligen PIN. Ursprünglich hatte er sechs Ziffern nehmen wollen. Doch seine Frau machte ihn darauf aufmerksam, dass die meisten Menschen sich ohnehin nur vier Ziffern merken könnten. So entstand ein Weltstandard.

Geld verdiente der Brite mit seiner Erfindung allerdings nicht – er hatte sie sich leider nicht patentieren lassen. Vielleicht betrachtete er seine Weltidee gerade deshalb stets mit Bescheidenheit: »Ich habe mich nie als Erfinder des Geldautomaten gesehen«, sagte er einst. »Aber ich habe den ersten Automaten konstruiert, eingebaut und zum Laufen gebracht. Das zählt dann vermutlich als Erfindung.«

72

Das Martinshorn

Im Jahr 1932 hatten Polizei und Feuerwehr ein wachsendes Problem: Das Automobil erfreute sich so großer Beliebtheit, dass es auf den deutschen Straßen immer voller wurde. Wollten sich Polizisten und Feuerwehrmänner Gehör verschaffen, hatten sie bis dahin nur eine Möglichkeit: Sie mussten kräftig in ihre Signalhörner pusten.

Auf die Dauer war das allerdings nicht nur anstrengend, sondern auch sinnlos – die vielen Verkehrsteilnehmer hörten sie kaum oder gar nicht mehr. Die Einsatzwagen suchten also etwas Lauteres, am besten Motorbetriebenes, und dabei stießen sie auf Max Bernhard Martin.

Der Sohn eines Metzgers kam 1874 in Markneukirchen im sächsischen Vogtland zur Welt. Nach der Schule hatte er eine kaufmännische Lehre bei einer Textilfirma in Leipzig absolviert, Ende des 19. Jahrhunderts war er als Geschäftsführer in die Deutsche Signal-Instrumentenfabrik eingetreten. Die Firma baute seit dem Jahr 1880 Rufhörner, Jagdhörner und Kavallerie-Trompeten.

Genau diese Kompetenz machten sich nun auch Polizei und Feuerwehr zunutze. Leider lässt sich nicht mehr genau sagen, wer Max Bernhard Martin den Auftrag gab. Fest steht aber, dass ab 1938 alle Polizei- und Feuerwehrfahrzeuge im Einsatz die Tonfolge a-d-a-d nutzten, um sich den Weg durch den Verkehr zu bahnen, denn in diesem Jahr wurde das Sondersignal gesetzlich vorgeschrieben. Seitdem ist die

Wortmarke »Martin-Horn« geschützt; daraus wurde im Laufe der Jahre das umgangssprachliche Martinshorn.

1952 verlegte das Unternehmen seinen Sitz ins baden-württembergische Philippsburg. Dort sitzt der kleine deutsche Weltmarktführer noch heute und fertigt Martinshörner, Trompeten und Trillerpfeifen an. Die Geschäftsführung teilt sich Martin Brender mit seiner Frau Viola, der Urenkelin von Max Bernhard Martin.

73

Valium

Ängstliche werden zuversichtlich, Nervöse gelassen, Schlaflose müde: Seit Jahrzehnten verschreiben Ärzte Patienten auf der ganzen Welt »Valium«. Das Mittel gehört zu den bekanntesten Medikamenten der Welt – und seine Entdeckung verdanken wir einem Zufall.

Im Jahr 1955 tüftelte Leo Sternbach fieberhaft in seinem Labor. Der Chemiker arbeitete damals für das Pharmaunternehmen Hoffmann-La Roche im Städtchen Nutley im US-Bundesstaat New Jersey. Sein Arbeitgeber hatte ihm einen dringenden Auftrag erteilt. Der Konkurrent Wallace Pharmaceuticals hatte in den USA gerade ein Mittel namens »Miltown« auf den Markt gebracht, das sedierende Eigenschaften hatte. Einen solchen Tranquilizer wollte Hoffmann-La Roche unbedingt selbst anbieten.

Anfang der Vierzigerjahre war Sternbach, Sohn eines jüdisch-polnischen Apothekers, vor den Nazis in die USA geflüchtet. Bereits während seines Studiums in Krakau hatte er sich mit der Chemikalie Benzoylchlorid beschäftigt. Diesen Faden wollte er nun wieder aufnehmen, weil er sich davon Fortschritte bei der Entwicklung von Beruhigungsmitteln versprach. Allerdings hatte er damit zunächst keinen Erfolg – und weil sein Arbeitgeber zu ungeduldig war, wurde das Projekt offiziell eingestellt.

Sternbach wollte diese Schlappe aber nicht hinnehmen und verwahrte die Proben im Labor. Eines Tages entschied er dann doch, sich davon zu trennen, und beauftragte seinen Mitarbeiter Earl Reeder damit, die Gefäße mit den Versuchssubstanzen zu säubern.

Glücklicherweise war Reeder ein aufgeweckter Mitarbeiter, denn ihm fiel auf, dass die ehemals öligen Stoffe verhärtet waren.

Das machte Sternbach neugierig. Er testete die Substanz daraufhin an Tigern, Luchsen, Affen und Mäusen. Und siehe da: Selbst der wildeste Tiger verwandelte sich durch den Stoff in ein Schmusekätzchen. Mäuse schliefen prompt ein, wachten aber auch wieder auf, denn der Arzneistoff Diazepam lähmt nicht die Atmung und ist erst in tausendfach erhöhter Dosis tödlich.

Das Mittel unter dem Handelsnamen »Valium« wurde in den folgenden Jahren zum Milliardengeschäft, und Hoffmann-La Roche entwickelte sich zu einem der größten Arzneimittelkonzerne der Welt.

Leo Sternbach blieb nicht nur seinem Arbeitgeber ein Leben lang treu. Bis wenige Jahre vor seinem Tod im Jahr 2005 forschte er in seinem Labor in Nutley weiter.

Merke: Hektische Arbeitgeber beschleunigen den Fortschritt nicht, sondern verlangsamen ihn womöglich sogar. Dagegen hilft dann gegebenenfalls eine »Valium« ...

74

Die Schreibmaschinentastatur

Zu jeder erfolgreichen Innovation gehört eine gute Geschichte. Niemand wusste das besser als Christopher Latham Sholes.

Zur Welt kam der Amerikaner im Jahr 1819 in Pennsylvania. Nach der Schule absolvierte er eine Ausbildung zum Drucker und zog 1837 nach Wisconsin, wo er zunächst für seine älteren Brüder arbeitete, die eine Zeitung in Green

Bay herausgaben. Dann wechselte er das Fach und arbeitete selbst als Journalist, außerdem engagierte er sich politisch. Und so machte US-Präsident Abraham Lincoln ihn einige Jahre später zum Zollinspektor des Hafens von Milwaukee.

Glücklicherweise war der Job nicht allzu stressig. Daher blieben ihm noch genug Zeit

und Muße, um seiner Leidenschaft nachzugehen. Damals gab es bereits die ersten Schreibmaschinen, aber keine war für die Massenproduktion geeignet. Das wollte er ändern. Also bastelte er mit zwei Freunden an einem neuen Modell – und im Jahr 1868 war es so weit: Sholes erhielt das Patent für eine Schreibmaschine mit Typenhebel.

Sie fiel gleich durch eine Besonderheit auf: Die Tasten waren nicht – wie bei den ersten Modellen – alphabetisch angeordnet. Stattdessen erfand Sholes eine Tastatur, die heute unter ihrem internationalen Namen QWERTY bekannt ist (in Deutschland heißt sie QWERTZ), nach den ersten fünf Buchstaben der Tastatur.

Natürlich fragten sich die Menschen, was es damit auf sich habe, und Sholes hatte gleich eine scheinbar einleuchtende Erklärung parat. Häufig genutzte Buchstaben wie A, E, O, T und N habe er bewusst weit voneinander entfernt, um die Benutzung der Maschine zu erleichtern.

Wahrscheinlicher hingegen ist eine mechanische Begründung: Sholes wollte verhindern, dass die Hebel sich ständig verhakten und klemmten.

Allerdings fehlte ihm das Geld, um die Maschinen selbst herzustellen. Daher verkaufte er seine Patente im Jahr 1873 für 12.000 Dollar an die Waffenfabrik Remington. Die war nach dem Ende des Amerikanischen Bürgerkriegs auf der Suche nach einem neuen Geschäftsfeld und gab den Schreibmaschinen eine Chance. Eine überaus rentable Entscheidung: 1890 verkaufte sich das Modell bereits 65.000 Mal.

Seit Jahrzehnten grübeln schlaue Köpfe darüber, wie die Tastatur effizienter gestaltet werden könnte – ohne Ergebnis.

Und so ist der Erfolg von Sholes' Erfindung auch eine Parabel für die menschliche Neigung, die Dinge lieber beim Alten zu lassen. Dabei lehrt der Erfolg von Sholes uns eigentlich das Gegenteil: Nur wer den Mut hat, eine bestehende Ordnung infrage zu stellen, kann etwas wirklich Neues in die Welt bringen – tippte ich soeben auf einer QWERTZ-Tastatur …

75

Der Barcode

Eigentlich hatte George Laurer einen klaren Auftrag. Seit 1951 war der Amerikaner als Ingenieur bei IBM tätig und hatte sich dort hochgearbeitet. Im Jahr 1970 erhielt er von seinem Vorgesetzten eine Anweisung.

In diesem Zusammenhang muss man wissen, dass sich die Supermärkte in Amerika damals immer größerer Beliebtheit erfreuten. Der Einkaufsprozess ging Kunden und Betreibern aber nicht zügig genug. Daher fragten die Unternehmen nach technischen Lösungsvorschlägen – und das wollte sich IBM nicht entgehen lassen. Also beauftragte das Unternehmen eine Gruppe von Ingenieuren damit, ein entsprechendes System zu entwickeln. George Laurer leitete das Team, zu dem auch Norman Woodland und Bernard Silver gehörten. Die beiden hatten bereits im Jahr 1949 ein rudimentäres System erfunden, mit dem Supermärkte theoretisch ihre Produkte an einer Kasse einscannen konnten. Es gab nur ein Problem: Es fehlte ein industrieweiter Standard.

Jeder Supermarkt hätte die Produkte also selbst beschriften müssen – ein viel zu großer Aufwand, den sämtliche große Ketten scheuten. Deshalb hatte sich der kreisrunde Barcode von Woodland und Silver, der an das Bullseye einer Dartscheibe erinnerte, nie durchgesetzt.

George Laurer sollte das Problem für seinen Chef nun endlich lösen und ein Kodierungsformat erfinden, das Supermärkte gut verwalten und Maschinen leicht lesen konnten – und das bitteschön an das Design des Bullseye-Barcodes angelehnt sein sollte.

Laurer hielt das für Unsinn. Er fand, dass die runde Form auf den Verpackungen zu viel Platz wegnahm. Außerdem sei die Form anfällig für Fehler. »Es widersprach meiner Natur und meiner Ausbildung, etwas zu unterstützen, an das ich nicht glaubte«, sagte Laurer später.

Also ignorierte er die Ansage seines Chefs und entwickelte stattdessen ein neues System: dicke und dünne Striche, in Anlehnung an lange und kurze Morsetöne.

Sein Chef wohnte damals im Haus gegenüber. Eines Nachmittags sah Laurer, wie er aus dem Urlaub heimkehrte. Da ging er spontan rüber, in der Hand einige Tabellen, im Kopf eine Rechtfertigung und ein Geständnis: »Ich habe nicht gemacht, was Sie wollten.«

Dann erklärte er, was er getan hatte und warum: »Er hatte keine andere Wahl, als mir zuzustimmen«, sagte Laurer später. »Doch gleichzeitig machte er mir klar, dass meine Karriere beendet wäre, sollte ich falsch liegen.«

Zum Glück behielt Laurer recht.

Am 26. Juni 1974 scannte ein Kassierer in einem Supermarkt in Ohio eine Packung Kaugummi – mit dem von George Laurer erfundenen *Universal Product Code*. Nach diesem Prinzip funktionieren die Strichcodes und Scanner heute noch.

Üblicherweise schätzen es Chefs ja weniger, wenn ihre Angestellten Anweisungen ignorieren. Doch wie das Beispiel von George Laurer zeigt: Manchmal führt Renitenz auch zu echten Innovationen.

76

Die Holzpalette

In der Welt der Warenlager hat sich in den vergangenen Jahrzehnten einiges getan: Die Bestände lassen sich dank der Digitalisierung sekündlich aktualisieren, die Besitzer wissen dank moderner GPS-Ortung stets, wo ihre Waren sich gerade aufhalten.

Doch eines ist gleich geblieben: Die Produkte lagern weiterhin auf Holzpaletten – und

KUNDEN, DIE

KAUFTEN,

KAUFTEN AUCH ...

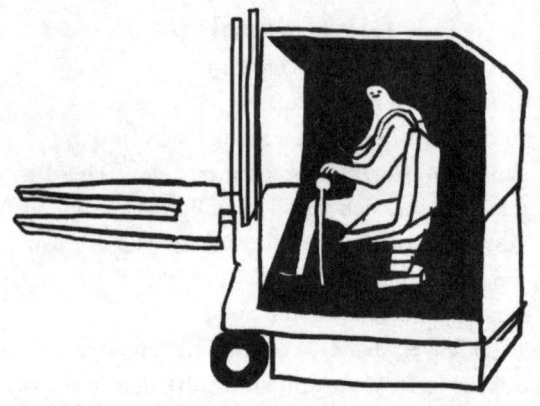

das verdankt die Logistikbranche zwei einfallsreichen Amerikanern.

Im Jahr 1922 kaufte George Raymond Senior eine Gießerei im US-Bundesstaat New York, die seit 1840 vor allem landwirtschaftliche Geräte aus Holz und Metall produzierte. Die Geschäfte liefen zwar gut, doch Raymond wollte mehr.

Die meisten Menschen melden in ihrem ganzen Leben nicht ein einziges Patent an. Raymond und sein Mitarbeiter William House meldeten gleich zwei Patente an – und das auch noch am selben Tag: Am 7. November 1939 erhielten sie das Patent für einen hydraulischen Hubwagen und die dazu gehörige Holzpalette. Der Clou an der Sache: Sie war so gestaltet, dass die Gabeln des Hubwagens unter die Palette fassen konnten. Die Palette war außerdem robust und ließ sich wunderbar auf Sattelzüge und in Eisenbahncontainer verladen.

Die Erfindung veränderte die globale Logistikbranche grundlegend. Sie sorgte dafür, dass in Lagern kein wertvoller Stauraum mehr verschenkt wurde. Deshalb funktioniert ohne sie heute kein

Lager mehr. Insgesamt sind weltweit schätzungsweise 500 Millionen Europaletten im Umlauf.

Das Unternehmen Raymond Handling Concepts Corporation existiert heute noch und stellt weiterhin Gabelstapler her, Generaldirektor ist aktuell Stephen Raymond – der Enkel des Firmengründers.

77

Der Textmarker

Auf dem Schreibtisch von Günter Schwanhäußer lagen stets vier Textmarker in blau, grün, gelb und pink. Sie erinnerten ihn jeden Tag an die beste Idee seines Lebens – denn Schwanhäußer war der Erfinder dieser überaus nützlichen Stifte.

Nach der Schule machte der Bayer zunächst eine Ausbildung zum Landwirt, doch dann rief die familiäre Pflicht: Seit 1865 befand sich der

Schreibgerätespezialist Schwan-Stabilo aus dem fränkischen Heroldsberg in Familienbesitz. Als Schwanhäußer einstieg, setzte das Unternehmen wenige Millionen Mark um. Als er 1995 in Rente ging, waren es bereits 361 Millionen – und das lag auch an seiner Erfindung: Mehr als zwei Milliarden Textmarker hat das Unternehmen bis heute verkauft.

Die Idee seines Lebens hatte Schwanhäußer 1971 während einer Geschäftsreise. Durch das Schaufenster eines Buchladens in Chicago beobachtete er Studenten dabei, wie sie ein Stück Holz, das mit Schaumstoff umwickelt war, in eine bräunliche Flüssigkeit tunkten und auf Passagen ihres Texts tupften. »Das geht besser«, dachte sich Schwanhäußer und nahm ein paar der Konstrukte mit in die fränkische Heimat.

Ein Jahr später kam der erste Filzstift mit fluoreszierender Tinte auf den Markt. Eine Mischung aus Wasser, Farbstoffen und Kunststoff erlaubte es erstmals, Textteile hervorzuheben, ohne sie zu überdecken. Auch das Design des Stiftes war revolutionär, mit seiner faustkeilhaften Form und der helmartigen Kappe.

Seiner Erfindung gab Schwanhäußer den Namen »Stabilo Boss«. »Wir verkaufen keine gelben Linien, sondern Zeitersparnis«, sagte er einst. Und das nütze vor allem Menschen, die viel Post bekommen, aber wenig Zeit haben – zum Beispiel Chefs, auch Bosse genannt.

Um diese von dem Marker zu überzeugen, verschickte Schwanhäußer die Stifte an 800 Manager und Minister. Der Handel zeigte sich zunächst skeptisch – auch, weil der Marker vergleichsweise teuer war. Dass sich das bald änderte, wunderte ihn nie: »Ein Boss«, sagte der im Jahr 2014 verstorbene Erfinder einst, »will doch jeder gern sein.«

DAS KOMMUNIKATIONSBUCH – WIE MAN SICH BESSER VERSTÄNDIGT

Mikael Krogerus / Roman Tschäppeler

»Lebensnah und aufschlussreich.«
novum - world of graphic design

Haben Sie heute schon geredet, gestritten, gelobt, gelogen? Wurden Sie auch verstanden?
Dieses Buch ist Ihr rutschfester Begleiter über das spiegelglatte Parkett der Kommunikation. Lernen Sie, wie man souveräner präsentiert, unwiderstehlicher fragt und klüger verhandelt. Nebenbei erhalten Sie Antworten auf einige der großen Fragen unserer Zeit: Woran erkenne ich Fake News? Warum starre ich ständig auf mein Smartphone? Warum ändern wir selten unsere Meinung?

Mit Illustrationen von Sven Weber
192 Seiten, ISBN 978-3-0369-5771-5

www.keinundaber.ch

50 ERFOLGSMODELLE
Mikael Krogerus / Roman Tschäppeler

»Ein Buch für jeden, der etwas managt.«
Independent

Bei der Lektüre dieses Buches erwartet Sie Theorie in ihrer praktischsten Form. In 50 kurzen Kapiteln werden die komplexen Zusammenhänge unseres Lebens auf einfache Weise veranschaulicht. Komplizierte Situationen werden gnadenlos vereinfacht und kühl analysiert.
Eine Hilfe in jeder Lebenslage und unverzichtbar bei der Entscheidungsfindung. Falls Sie also noch nicht wissen, ob Sie dieses Buch möchten, sollten Sie es unverzüglich kaufen.

Mit Illustrationen von Philip Earnhart
176 Seiten, ISBN 978-3-0369-5761-6

www.keinundaber.ch

MUSENKÜSSE – DIE TÄGLICHEN RITUALE BERÜHMTER KÜNSTLER

Mason Currey

»Mehr als nur eine lustige Anekdotensammlung.«

Die Welt

Wie gestalten Künstler ihren Tag? Was kann man sich bei ihnen abschauen? Und was sollte man besser sein lassen? 88 Alltagsstrategien von Schriftstellern, Komponisten, Malern, Filmemachern und anderen kreativen Berühmtheiten gegen Schreibblockaden und andere künstlerische Nöte und Malaisen. In unterhaltsamen Miniaturen beschrieben von Mason Currey.

272 Seiten, ISBN 978-3-0369-5694-7

www.keinundaber.ch

FRAGEBUCH
Mikael Krogerus / Roman Tschäppeler

»Man schaut hinein und begreift: Dieses Buch könnte mein Leben wenn nicht verändern, so doch in Unruhe versetzen. Denn dieses Buch muss ich selber schreiben.«

Spiegel online

Stellen Sie sich jetzt die richtigen Fragen! Wer kennt dich am besten? Was hast du von deiner Mutter gelernt? Wann hast du zuletzt gelogen? Hättest du dich gerne selbst als Freund? Dieses Buch versammelt die besten Fragen, um einen Fremden in kurzer Zeit kennenzulernen oder um eine gute Freundin wirklich zu verstehen. Du wirst damit jedes Gegenüber aus der Reserve locken und in spannende Gespräche verwickeln. Lass dich überraschen und von unerwarteten Antworten verblüffen.

176 Seiten, ISBN 978-3-0369-5551-3

www.keinundaber.ch